安全生产普及知识百问百答丛书

建筑施工安全知识百问百答

主　编：郭蔚飞

本书编写人员：郭蔚飞　石　磊　韩永毅　朱　琳

安全生产普及知识百问百答丛书编写组

郭蔚飞　刘泰华　任彦斌　杨　勇　佟瑞鹏

姚作武　焦　宇　王兵建　张　彬　秦　伟

孙　超　柳文杰　刘松涛

插　图：罗　艳　陈　杰

中国劳动社会保障出版社

图书在版编目(CIP)数据

建筑施工安全知识百问百答/《安全生产普及知识百问百答丛书》编写组编. —北京：中国劳动社会保障出版社，2012

安全生产普及知识百问百答丛书

ISBN 978-7-5045-9474-7

Ⅰ.①建… Ⅱ.①安… Ⅲ.①建筑工程-工程施工-安全技术-问题解答 Ⅳ.①TU714-44

中国版本图书馆 CIP 数据核字（2012）第 013439 号

中国劳动社会保障出版社出版发行

（北京市惠新东街 1 号 邮政编码：100029）

出 版 人：张梦欣

*

中国铁道出版社印刷厂印刷装订 新华书店经销

850 毫米×1168 毫米 32 开本 3.75 印张 82 千字

2012 年 2 月第 1 版 2015 年 5 月第 3 次印刷

定价：12.00 元

读者服务部电话：010－64929211/64921644/84643933

发行部电话：010－64961894

出版社网址：http://www.class.com.cn

基础知识

安全标志与劳动防护用品使用

施工现场安全用电

高处作业安全

施工现场消防安全

施工常用机械设备安全使用

建筑施工主要作业人员安全生产职责

安全生产事故急救

基础知识

1. 什么叫安全?

安全是指人们在生产、生活中，生命得到保障，身体、设备、财产不受损害。安全和危险是相对的，没有绝对的危险，也没有绝对的安全。

安全，是指没有危险、不出事故的状态。生产过程中的安全，即安全生产，是指“不发生工伤事故、职业病、设备或者财产损失”。

【相关链接】

系统工程中的安全概念，认为世界上没有绝对安全的事或者物，任何事或者物都包含有不安全因素，具有一定的危险性。危险性是对安全性的反面体现，当危险性低于某种程度时，人们就认为是安全的。这样来看，安全是危险还在人们可以接受的程度范围内。

2. 什么是安全生产事故?

事故是指生产系统或者生产工作中的人遭受阻碍或中止条件，可能导致人员受到伤害，或财产受到损失的非预先知晓的意外事件。通常人们认为，事故是指安全生产管理中的伤亡事故和职业危害事故，是从业人员在生产活动中发生的人身伤害和职业中毒。

事故具有以下基本特征：

（1）普遍性。由于生产活动中普遍存在可能导致人员伤亡和财产损失的危险性，因此，就普遍存在发生事故的可能。

（2）随机性。事故是偶然发生的，具有随机性的特点，并且事故发生的时间、地点、形式、规模、后果都是不确定的。

（3）必然性。按照安全系统工程的观点，人们在生产过程中必然会发生事故，只不过是时间长短、事故损失的严重程度不同而已。

（4）因果相关性。事故的发生是由于系统中造成事故的各种原因相互作用的结果。事故发生的原因大体分为人的不安全行为和物的不安全状态，以及安全生产管理上的缺陷。

（5）紧急性。事故从发生、发展到结束，往往速度很快，允许组织和个人做出反应的时间很短。这就要求人们平时积累紧急应对能力和加强应急救援体系建设。

（6）危害性。凡是事故，特别是伤亡事故，都会在一定程度上给个人、集体和社会带来损失或危害，乃至夺去人的生命，威胁企业的生存或影响到社会的稳定。

事故都有破坏性，是人们不想看见的结果。但是，人们在长期同事故做斗争的过程中，促进了科技进步和生产力的发展。因此，我们应当认识事故、预防和控制事故，研究控制事故的方法和措施。

【相关链接】

国家安全生产监督管理总局颁布的《安全生产事故隐患排查治理暂行规定》，将“安全生产事故隐患”定义为：生产经营单位违反安全生产法律、法规、规章、标准、规程和安全生产管理制度的规定，或者因其他因素在生产经营活动中存在可能导致事故发生的物的危险状态、人的不安全行为和管理上的缺陷。

【法律提示】

国务院令第493号《生产安全事故报告和调查处理条例》，将“生产安全事故”定义为：生产经营活动中发生的造成人身伤亡或者直接经济损失的事件。

按照《企业职工伤亡事故分类标准》(GB 6441—1986)将企业工伤事故分为20类，分别为物体打击、车辆伤害、机械伤害、起重伤害、触电、淹溺、灼烫、火灾、高处坠落、坍塌、冒顶片帮、透水、放炮、瓦斯爆炸、火药爆炸、锅炉爆炸、其他爆炸、中毒和窒息及其他伤害等。

3. 安全生产方针和原则是什么?

我国的《安全生产法》在总结安全生产管理经验的基础上，将“安全第一，预防为主”规定为我国安全生产工作的基本方针。在十六届五中全会上，党和国家坚持以科学发展观为指导，从经济和社会发展的全局出发，不断深化对安全生产规律的认识，提出了“安全第一，预防为主，综合治理”的安全生产方针。

十六届五中全会通过的《关于制定国民经济和社会发展第

十一个五年计划的建议》中，提出“坚持节约发展，清洁发展，安全发展，实现可持续发展。”十六届五中全会确定了安全发展的原则，把“安全发展”作为一个重要理念纳入我国社会主义现代化建设的总体战略。

“安全发展”重点包含三层含义：

（1）“以人为本”必须要以人的生命为本，认识到人的生命是最重要的，发展不能以牺牲人的生命为代价。

（2）构建社会主义和谐社会必须解决安全生产问题。

（3）经济社会发展必须以安全为基础、前提和保证。

【相关链接】

“安全第一”，就是在生产经营过程中，在处理生产和安全这两个方面问题时，要始终把安全放在首要的位置，坚持最优先考虑人的生命安全。

“预防为主”，就是按照系统工程理论，按照事故发展的规律和特点，预防事故的发生，做到防患于未然，将事故消灭在萌芽状态。

“综合治理”，就是要标本兼治，重在治本，采取各种管理手段预防事故发生，实现治标的同时，研究治本的方法，综合运用科技手段、法律规定、经济手段和行政干预，从各个方面着手解决影响安全生产的深层次问题，做到思想、制度、技术、监督检查、事故处理和应急救援上的综合管理。

【法律提示】

《安全生产法》第一章总则第三条明确规定：安全生产管理，坚持“安全第一，预防为主”的方针。

4.《安全生产法》的基本内容是什么？

（1）从业人员应该获得的合法权利和应履行的义务。《安全生产法》规定：生产经营单位的从业人员有依法获得安全生产保障的权利，并应当依法履行安全生产方面的义务。该法明确规定了从业人员应当享受的权利及义务。

（2）生产经营单位及其主要负责人的法定义务。《安全生产法》第四条规定：生产经营单位必须遵守本法和其他有关安全生产法律、法规，加强安全生产管理，建立、健全安全生产制度，完善安全生产条件，确保安全生产。第五条规定：生产经营单位的主要负责人对本单位的安全生产工作全面负责。

（3）政府的职责。《安全生产法》在监督管理权限划分上，作了规定：国务院和地方各级人民政府应当加强对安全生产工作的领导，支持、督促各有关部门依法履行安全生产监督管理职责。

县级以上人民政府对安全生产监督管理中存在的重大问题应当及时予以协调、解决。

国务院负责安全生产监督管理的部门依照本法，对全国安全生产工作实施综合监督管理；县级以上地方各级人民政府负责安全生产监督管理的部门依照本法，对本行政区域内安全生产工作实施综合监督管理。

国务院有关部门依照本法和其他有关法律、法规的规定，在各自的职责范围内对有关安全生产工作实施监督管理；县级以上地方各级人民政府有关部门依照本法和其他有关法律、法规的规定，在各自的职责范围内对有关的安全生产工作实施监督管理。

国务院有关部门应当按照保障安全生产的要求，依法及时制定有关的国家标准或者行业标准，并根据科技进步和经济发展及时修订。

【法律提示】

2002年6月29日，第九届全国人民代表大会常务委员会第28次会议审议并通过了《安全生产法》，即日起公布，自2002年11月1日起实施。《安全生产法》是全面规范我国安全生产工作的一部综合性大法。

5.《建设工程安全生产管理条例》的基本内容是什么?

《建设工程安全生产管理条例》较为详细地规定了建设单位、勘察单位、设计单位、施工单位、工程监理单位和其他与建设工程有关的单位的安全生产责任，以及安全生产的监督管理，生产安全事故应急救援与调查处理等。

（1）该条例明确了“安全第一，预防为主”是建设工程的安全生产管理方针。

（2）该条例规定了建设单位、勘察单位、设计单位、施工单位、工程监理单位以及设备材料供应单位、机械设备租赁单位、起重机械和整体提升脚手架、模板等自升式架设设施的安装、拆卸单位等与建设工程安全生产有关的单位应承担的相应安全生产责任。

（3）该条例确立了建设工程安全生产的13项基本管理制度。其中，涉及政府部门的安全生产监管制度有7项：依法批准开工报告的建设工程和拆除工程备案制度，“三类人员”考核任职制度，特种作业人员持证上岗制度，施工起重机械使用登记制度，政府安全监督检查制度，危及施工安全工艺、设备、材料淘汰制度和生产安全事故报告制度。涉及施工企业的安全生产制度有6项，即安全生产责任制度、安全生产教育培训制度、专项施工方案专家论证审查制度、施工现场消防安全责任制度、意外伤害保险制度和生产安全事故应急救援制度。

【相关链接】

《建设工程安全生产管理条例》和《安全生产许可证条例》是建筑安全生产法规体系中主要的行政法规，是建筑施工相关管理单位行使行政权力的主要依据。

6. 通常所说的高危行业包括哪些？

所谓高危行业是指危险系数较其他行业高，事故发生率较高，发生事故后财产损失较大，短时间难以恢复或无法恢复。比如地下采煤业、高空作业相关行业、爆破业等。

常说的6大高危行业指：煤矿、非煤矿山、建筑施工行业、危险化学品行业、烟花爆竹行业、民用爆破行业。

【相关链接】

建筑施工过程，涉及职业伤害、消防、交通运输、用电、起重和高处作业等各类安全技术，由于其自身的生产特点和危险源分布，成为传统的高危行业。建筑施工现场历来是伤亡事故高发区域，并且受到党和国家的高度重视。

【法律提示】

《建筑法》第五章建筑安全生产管理第三十六条明确规定：建筑工程安全生产管理必须坚持“安全第一，预防为主”的方针，建立、健全安全生产的责任制度和群防群治制度。

7.《安全生产法》对安全生产管理机构设置和人员配备是如何要求的？

危险性较大的矿山开采、建筑施工和危险物品的生产、经营、储存活动的生产经营单位：必须设置安全生产管理机构或者配备专职安全生产管理人员。

其他生产经营单位：从业人员超过300人的，必须设置安全生产管理机构或者配备专职安全生产管理人员；从业人员在300人以下的，可不设置安全生产管理机构，但必须配备专职或者兼职的安全生产管理人员，或者委托具有国家规定的相关专业技术资格的工程技术人员提供安全生产管理服务，但保证安全生产的责任仍由本单位负责。

【法律提示】

《安全生产法》第十九条规定：矿山、建筑施工单位和危险物品的生产、经营、储存单位，应当设置安全生产管理机构或者配备专职安全生产管理人员。

前款规定以外的其他生产经营单位，从业人员超过300人的，应当设置安全生产管理机构或者配备专职安全生产管理人员；从业人员在300人以下的，应当配备专职或者兼职的安全生产管理人员，或者委托具有国家规定的相关专业技术资格的工程技术人员提供安全生产管理服务。

生产经营单位依照前款规定委托工程技术人员提供安全生产管理服务的，保证安全生产的责任仍由本单位负责。

8. 建筑施工过程中有哪些与安全生产相关的特点?

（1）产品相对固定，但是从业人员流动性大。建筑施工的产品对象如建筑物一旦破土动工，生产人员就要围绕着它上上下下地进行生产活动。建筑产品体积大、生产周期长，有的持续几个月甚至几年，这就形成了在有限的场地上集中了大量的操作人员，施工机具、建筑材料等进行作业。而且，建筑施工人员流动性大，不仅体现在项目完成后的队伍搬迁，还体现在

施工队伍中绝大多数施工人员是来自农村的农民工，他们不但要随工程流动，而且还经常性地在各个行业交替从业，给安全管理带来很大的困难。

（2）露天高处作业多，多以手工操作为主，从业人员多从事繁重的体力劳动。建筑施工特殊的作业环境和工作方法，给从业人员的安全带来很大的风险。

（3）建筑施工变化大，规律性差，不安全因素随工程的进度的变化而变化。每栋建筑物由于用途不同、结构不同和施工方法不同等，危险有害因素相应地不相同；同样类型的建筑物，因生产工艺和施工方法不同，危险有害因素也不同；在一栋建筑物中，从基础、主体到装修，每道工序不同，危险有害因素也不同；同一道工序，由于工艺和施工方法不同，危险有害因素也不同。同样，随着工程的进度的不断变化，由于危险有害因素相应地发生变化，安全防护也必须跟着发生变化。

【相关链接】

我国建筑业虽然有了很大的发展，但是至今大多数工种仍然没有根本变化，如抹灰工、瓦工、混凝土工、架子工等仍以手工操作为主。建筑施工中劳动繁重、体力消耗大，加上作业环境恶劣，如光线、雨雪、风霜、雷电等影响，导致操作人员注意力不集中或心情烦躁，违章作业的现象十分普遍。这些都成为安全生产管理重点关注的范围。

9. 常见的建筑施工安全生产事故有哪些?

从建筑物的建造过程以及建筑施工的特点可以看出，施工现场的操作人员随着从基础到主体到屋面等分项工程的施工，要从地面到地下，再回到地面，再上到高空，经常处在露天、高处和交叉作业的环境中。建筑施工的高处坠落、物体打击、触电和机械伤害等4个类别的伤亡事故多年来一直居高不下，被人们称为建筑施工“四大伤害”。

随着建筑物的高度从高层到超高层，其地下室也从地下一层到地下二层甚至地下几层，土方坍塌事故增多。特别是在城市里的建筑拆除工程越来越多的情况下，在“四大伤害”事故的基础上，又增加了一项坍塌事故。据全国建筑施工伤亡事故分析，高处坠落占建筑业死亡总数的53.10%，坍塌占14.43%，物体打击占10.57%，机械伤害占9.82%，触电占7.18%，这5类事故占全部事故的95％以上。

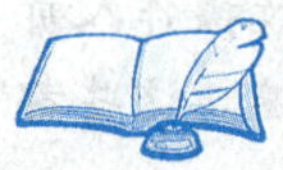

【法律提示】

建筑施工作业的特殊性还在于，它直接或者间接地影响局部或大部分的环境，给环境安全管理同样带来了考验。《建筑法》第五章第四十一条明确规定：建筑施工企业应当遵守有关环境保护和安全生产的法律、法规的规定，采取控制和处理施工现场的各种粉尘、废气、废水、固体废物以及噪声、振动对环境的污染和危害的措施。

10. 建筑施工中的危险源如何分类?

建筑施工过程中的高处坠落、物体打击、触电、机械伤害和坍塌伤害5类事故发生的主要部位就是建筑施工中的危险源。

（1）高处坠落。从业人员从临边、洞口，包括屋面边、楼板边、阳台边、预留洞口、电梯井口、楼梯口等处坠落；从脚手架上坠落；龙门架（井字架）物料提升机和塔吊在安装、拆除过程中坠落；安装、拆除模板时坠落；结构和设备吊装时坠落。

（2）触电。对经过或靠近施工现场的外电线路没有或缺少防护，在搭设钢管架、绑扎钢筋或起重吊装过程中，碰触这些线路造成触电；使用各类电气设备触电；因电线破皮、老化，又没有开关箱等触电。

（3）物体打击。人员受到同一垂直作业面的交叉作业中和通道口处坠落物体的打击。

（4）机械伤害。主要是垂直运输机械设备、吊装设备、各类桩机等对人的伤害。

（5）坍塌。施工中发生的坍塌事故主要是：现浇混凝土梁、板的模板支撑失稳倒塌，基坑边坡失稳引起土石方坍塌，拆除工程中的坍塌，施工现场的围墙及在建工程屋面板质量低劣坍落等。

【相关链接】

危险源应由3个要素构成，即具有潜在危险性、存在条件和转化成事故的触发因素。

【知识学习】

危险源是指一个系统中具有潜在能量和物质释放危险的、可造成人员伤害的、在一定的触发因素作用下可转化为事故的部位、区域、场所、空间、岗位、设备及其位置。也就是说，危险源是指可能导致死亡、伤害、职业病、财产损失、工作环境破坏或这些情况组合的根源或状态。

工业生产作业过程的危险源一般分为5类：

（1）毒害性、放射性、腐蚀性及传染病病原体类危险源。

（2）锅炉及压力容器设施类危险源。

（3）电气类设施危险源。

（4）高温作业区危险源。

（5）辐射危害类危险源。

11. 从业人员有哪些安全生产权利?

我国的《安全生产法》规定了各类从业人员必须享有的、有关安全生产和人身安全的最重要和最基本的权利，这些基本安全生产权利可以概括为5项：

（1）获得安全保障、工伤保险和民事赔偿的权利。

（2）得知危险因素、防范措施和事故应急措施的权利。

（3）对本单位安全生产的批评、检举和控告的权利。

（4）拒绝违章指挥和强令冒险作业的权利。

（5）紧急情况下停止作业和紧急撤离的权利。

【相关链接】

我国的《宪法》和相关法律法规，如《安全生产法》《矿山安全法》《交通安全法》《危险化学品管理条例》《工伤保险条例》等，最重要的一部分内容之一就是关于从业者的安全生产权利。相应地，明确了生产经营单位有保护从业人员合法权利的安全生产责任。

12. 对新入厂（矿）人员的三级安全教育是什么?

三级安全教育是指厂（矿）企业对新入厂职员、工人进行安全教育的基本形式，即厂级安全教育、车间级安全教育和岗位（工段、班组）安全教育。三级安全教育制度是企业安全教育的基本教育制度。企业必须对新工人进行安全生产的入厂教育、车间教育、岗位教育；对调换新工种，采取新技术、新工艺、新设备、新材料的工人，必须进行新岗位、新操作方法的安全卫生教育。受教育者，经考试合格后，方可上岗操作。

【相关链接】

三级安全教育使新工人或调动工作的工人从进厂起，就牢固地树立安全生产观念，熟悉安全操作规程，这对保证安全生产将起到重要作用。

13. 对特种作业人员的安全培训要求是什么？

因为特殊工种作业与企业的安全生产有密切相关的特殊性，因此，企业必须从法律的角度上严格执行国家有关特种作业人员的培训、考核、复审的规定。《特种作业人员安全技术考核管理规定》明确了特种作业人员应具备相关的条件，同时也

对教育培训做了明确的规定。

在培训时，由企业主管部门组织培训，也可由考核、发证部门或指定的单位培训。由现行的特种作业安全技术考核办法和有关规定决定培训的时间和内容，一般由发证部门制定考核内容，考核分为安全技术理论和实际操作两部分。

考核不合格者，可进行补考。补考仍不合格者，须重新培训。

取得操作证的特种作业人员，必须定期进行复审。复审期限，除机动车辆驾驶按国家有关规定执行外，其他特种作业人员每两年进行一次。企业安全生产管理部门应建立特种作业人员档案，组织好复审期满的人员到指定地点复训审证，复审由考核发证部门或其指定的单位进行。

【法律提示】

《安全生产法》第二十三条规定：生产经营单位的特种作业人员必须按照国家有关规定经专门的作业培训，取得特种作业操作资格证书，方可独立上岗作业。

14. 从业人员的安全生产责任主要有哪些？

（1）遵守劳动纪律，自觉执行企业安全规章制度和安全操作规程，听从指挥，杜绝违章行为。

（2）认真执行交接班制度，保证本岗位工作地点和设备工具的安全、整洁，不随便拆除安全防护装置，不使用自己不该使用的机械和设备。

（3）自觉并正确佩戴劳动防护用品，妥善保管和正确使用各种防护器具和灭火器材。

（4）积极参加安全生产教育和安全生产技能培训，提高安全操作技术水平。

(5) 不得擅自私拉乱接电线，不得擅自动用明火。

(6) 及时报告、处理事故隐患，积极参加事故抢救工作。

(7) 批评、检举、拒绝违章指挥、违章操作、违反劳动纪律等行为。

【法律提示】

《安全生产法》对从业人员的安全生产义务是这样规定的：

第四十九条　从业人员在作业过程中，应当严格遵守本单位的安全生产规章制度和操作规程，服从管理，正确佩戴和使用劳动防护用品。

第五十条　从业人员应当接受安全生产教育和培训，掌握本职工作所需的安全生产知识，提高安全生产技能，增强事故预防和应急处理能力。

第五十一条　从业人员发现事故隐患或者其他不安全因素，应当立即向现场安全生产管理人员或者本单位负责人报告；接到报告的人员应当及时予以处理。

15. 什么是安全检查？

安全检查是指对生产过程及安全管理中可能存在的隐患、有害与危险因素、缺陷等进行查证，以确定隐患或有害与危险因素、缺陷的存在状态，以及它们转化为事故的条件，以便制定整改措施，消除隐患和有害与危险因素，确保生产安全。

安全检查是安全管理工作的重要内容，是消除隐患、防止事故发生、改善劳动条件的重要手段。通过安全检查可以发现生产经营单位生产过程中的危险因素，以便有计划地制定纠正措施，保证生产安全。

【法律提示】

《安全生产法》第三十八条规定：生产经营单位的安全生产管理人员应当根据本单位的生产经营特点，对安全生产状况进行经常性检查；对检查中发现的安全问题，应当立即处理；不能处理的，应当及时报告本单位有关负责人。检查及处理情况应当记录在案。

16. 安全检查有哪几种常见类型?

（1）定期安全检查。定期检查一般是通过有计划、有组织、有目的的形式来实现的。

（2）经常性安全检查。经常性检查则是采取个别的、日常的巡视方式来实现的。

（3）季节性及节假日前安全检查。由

各级生产单位根据季节变化，按事故发生的规律对易发的潜在危险，突出重点进行季节检查。如冬季防冻保温、防火、防煤气中毒；夏季防暑降温、防汛、防雷电等检查。由于节假日（特别是重大节日，如元旦、春节、劳动节、国庆节）前后容易发生事故，因而应进行有针对性的安全检查。

（4）专业（项）安全检查。专项安全检查是对某个专项问题或在施工（生产）中存在的普遍性安全问题进行的单项定性检查。对危险较大的在用设备、设施，作业场所环境条件进行的管理性或监督性定量检测检验则属专业性安全检查。

（5）综合性安全检查。一般是由主管部门对下属各企业或生产单位进行的全面综合性检查，必要时可组织进行系统的安全性评价。

（6）不定期的职工代表巡视安全检查。由企业或车间工会负责人负责组织有相关专业技术特长的职工代表进行巡视安全检查。重点查国家安全生产方针、法规的贯彻执行情况；查单位领导干部安全生产责任制的执行情况；查工人安全生产权利的落实情况；查事故原因、隐患整改情况；并对责任者提出处理意见。

【相关链接】

在生产经营过程中进行经常性的预防检查，能及时发现并消除隐患，保证生产经营的正常进行。

17. 什么叫特种作业?

特种作业是指容易发生事故，对操作者本人、他人的安全健康及设备、设施的安全可能造成重大危害的作业。特种作业的范围由特种作业目录规定。特种作业人员，是指直接从事特种作业的从业人员。

根据《特种作业人员安全技术培训考核管理规定》的规定，特种作业主要包括电工作业、焊接与热切割作业、高处作业、制冷与空调作业、煤矿安全作业、金属非金属矿山作业、石油天然气安全作业、冶金（有色）生产安全作业、危险化学品安全作业、烟花爆竹安全作业、国家安全监管总局认定的其他作业共11大类51个工种，以及由省、自治区、直辖市有关部门提出，并经国务院有关部门批准的其他作业。

【法律提示】

2010年5月24日，国家安全生产监督管理总局第30号令下发了《特种作业人员安全技术培训考核管理规定》，自2010年7月1日起施行。1999年7月12日原国家经济贸易委员会颁布的《特种作业人员安全技术培训考核管理办法》同时废止。该规定对特种作业和特种作业人员的管理做出了详细的规定，并且在附件中的特种作业目录中，具体给出了特种作业范围和工种。

18. 建筑施工特种作业包括哪几类？

建筑施工特种作业包括：

（1）建筑电工。

（2）建筑架子工。

（3）建筑起重信号司索工。

（4）建筑起重机械司机。

（5）建筑起重机械安装拆卸工。

（6）高处作业吊篮安装拆卸工。

（7）经省级以上人民政府建设主管部门认定的其他特种

作业。

根据住房和城乡建设部《关于建筑施工特种作业人员考核工作的实施意见》(建办质［2008］41号)，建筑施工特种作业操作范围共有11个工种，包括建筑电工、建筑架子工（普通脚手架）、建筑架子工（附着升降脚手架）、建筑起重司索信号工、建筑起重机械司机（塔式起重机）、建筑起重机械司机(施工升降机)、建筑起重机械司机(物料提升机)、建筑起重机械安装拆卸工（塔式起重机）、建筑起重机械安装拆卸工（施工升降机）、建筑起重机械安装拆卸工（物料提升机）、高处作业吊篮安装拆卸工。

【相关链接】

建筑施工特种作业人员是指在房屋建筑和市政工程施工活动中，从事可能对本人、他人及周围设备设施的安全造成重大危害作业的人员。

【法律提示】

2008年4月18日，住房和城乡建设部下发了“关于印发《建筑施工特种作业人员管理规定》的通知”（建质［2008］75号），规定：为提高建筑施工特种作业人员的素质，防止和减少建筑施

工生产安全事故，建筑施工特种作业人员必须通过安全技术理论知识和安全操作技能考核，并取得《建筑施工特种作业操作资格证书》，且具备独立从事相应特种作业的工作能力。

19. 为什么对从事特种作业的人员执行持证上岗制度?

（1）特种作业是有着较大风险的作业。

（2）事故的后果影响着企业效益、人员的生命，重大事故还有可能会造成一定的社会影响。

（3）安全技术知识、操作规范训练，有很强的专业性。

（4）经过培训，取得操作证，持证上岗代表着从业资质。

（5）持证上岗是企业确保安全生产的重大举措。

【相关链接】

参加建筑施工特种作业人员考核人员应当具备下列条件：

（1）年满 18 周岁且符合相应特种作业规定的年龄要求。

（2）近 3 个月内经二级乙等以上医院体检合格且无妨碍从事相应特种作业的疾病和生理缺陷。

（3）初中及以上学历。

（4）符合相应特种作业规定的其他条件。

20. 特种作业人员应该履行哪些安全生产义务？

特种作业人员在安全生产方面具有以下义务：

（1）遵守有关安全生产的法律、法规和规章。

（2）遵守安全作业的国家强制标准、本单位的规章制度和操作规程。

（3）正确使用安全防护用具、机械设备。

（4）接受安全生产教育培训，掌握所从事工作应具备的安全生产知识。

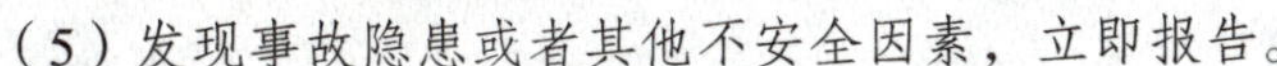

（5）发现事故隐患或者其他不安全因素，立即报告。

【相关链接】

建筑施工特种作业人员申请延期复核，应当提交下列材料：

（1）身份证（原件和复印件）。

（2）体检合格证明。

（3）年度安全教育培训证明或者继续教育证明。

（4）用人单位出具的特种作业人员管理档案记录。

（5）考核发证机关规定提交的其他资料。

安全标志与劳动防护用品使用

21. 什么是安全色?

所谓安全色，是指用以传递安全信息含义的颜色，包括红、蓝、黄、绿4种颜色。

（1）红色。用以传递禁止、停止、危险或者提示消防设备、设施的信息，如禁止标志等。

（2）蓝色。用以传递必须遵守规定的指令性信息，如指令标志等。

（3）黄色。用以传递注意、警告的信息，如警告标志等。

（4）绿色。用以传递安全的提示信息，如提示标志、车间内或工地内的安全通道等。

安全色普遍适用于公共场所、生产经营单位和交通运输、建筑、仓储等行业以及消防等领域所使用的信号和标志的表面颜色。但是不适用于灯光信号和航海、内河航运以及其他目的而使用的颜色。

【相关链接】

对比色，是指使安全色更加醒目的反衬色，包括黑、白两种颜色。

表　　安全色的对比色

安全色	对比色
红色	白色
蓝色	白色
黄色	黑色
绿色	白色

安全色与对比色同时使用时，应按上表规定搭配使用。

22. 什么是安全标志?

安全标志是由安全色、几何图形和图形符号构成的，是用来表达特定安全信息的标记，分为禁止标志、警告标志、指令标志和提示标志 4 类。

禁止标志的含义是禁止人们的不安全行为。例如：

禁止吸烟

禁止跨越

禁止饮用

警告标志的含义是提醒人们对周围环境引起注意，以避免可能发生的危险。例如：

注意安全

当心火灾

当心触电

指令标志的含义是强制人们必须作出某种动作或采取防范措施。例如：

必须戴防尘口罩

必须戴安全帽

必须系安全带

提示标志的含义是向人们提供某种信息（如标明安全设施或场所等）。例如：

紧急出口

避险处

可动火区

【相关链接】

安全标志一般设在醒目的地方，人们看到后有足够的时间来注意它所表示的内容。安全标志不能设在门、窗、架子等可移动的物体上，因为这些物体位置移动后安全标志就起不到作用了。

【知识学习】

对比色使用时，黑色用于安全标志的文字、图形符号和警告标志的几何图形；白色作为安全标志红、蓝、绿色的背景色，也可用于安全标志的文字和图形符号；红色和白色、黄色和黑色间隔条纹，是两种较醒目的标示；红色与白色交替，表示禁止越过，如道路及禁止跨越的临边防护栏杆等；黄色与黑色交替，表示警告危险，如防护栏杆、吊车吊钩的滑轮架等。

23. 建筑施工常见安全标志有哪些?

（1）施工现场醒目处设置注意安全、禁止吸烟、必须系安全带、必须戴安全帽、必须穿防护服等标志。

（2）施工现场及道路坑、沟、洞处设置当心坑洞标志。

（3）施工现场较宽的沟、坑及高空分离处设置禁止跨越标志。

（4）未固定设备、未经验收合格的脚手架及未安装牢固的构件设置禁止攀登、禁止架梯等标志。

（5）吊装作业区域设置警戒标识线并设置禁止通行、禁止入内、禁止停留、当心吊物、当心落物、当心坠落等标志。

（6）高处作业、多层作业下方设置禁止通行、禁放易燃物、禁止停留等标志。

（7）高处通道及地面安全通道设置安全通道标志。

（8）高处作业位置设置必须系安全带、禁止抛物、当心坠落、当心落物等标志。

（9）梯子入口及高空梯子通道设置注意安全、当心滑跌、当心坠落等标志。

（10）电源及配电箱设置当心触电等标志。

（11）电气设备试验、检验或接线操作，设置有人操作，禁止合闸等标志。

（12）临时电缆（地面或架空）设置当心电缆标志。

（13）氧气瓶、乙炔瓶存放点设置禁止烟火、当心火灾等标志。

（14）仓库及临时存放易燃易爆物品地点设置禁止吸烟、禁止火种等标志。

（15）射线作业按规定设置安全警戒标识线，并设置当心电离辐射标志。

(16) 滚、剪板等机械设备设置当心设备伤人、注意安全等标志。

(17) 施工道路设置当心车辆及其他限速、限载等标志。

(18) 施工现场及办公室设置火灾报警电话标志。

(19) 施工现场"四口""五临边"作业处应设置防护栏杆并设置当心滑跌、当心坠落等标志。

(20) 紧急集合点标志。

【相关链接】

建筑施工现场环境复杂，安全标志具有举足轻重的作用。适时、适地悬挂适用的安全标志，使作业人员增强安全意识，时刻敲响安全警钟，对预防建筑施工安全事故起到积极的重要作用。

24. 建筑施工现场安全标志设置一般方法有哪些?

(1) 高度。安全标志牌的设置高度应与人眼的视线高度一致，禁止烟火、当心坠物等环境标志牌下边缘距离地面高度不能小于 **2 m**；禁止乘人、当心伤手、禁止合闸等局部信息标志牌的设置高度应视具体情况而定。

(2) 角度。标志牌的平面与视线夹角应接近 90 度，观察者位于最大观察距离时，最小夹角不低于 75 度。

(3) 位置。标志牌应设在与安全有关的醒目和明亮地方，并使大家看见后，有足够的时间来注意它所表示的内容。环境信息标志宜设在有关场所的入口和醒目处；局部信息标志应设在所涉及的相应危险地点或设备（部件）附近的醒目处。

(4) 顺序。同一位置必须同时设置不同类型的多个标志牌时，应按照警告、禁止、指令、提示的顺序，先左后右，先上后下的排列设置。

（5）固定。建筑施工现场设置的安全标志牌的固定方式主要为附着式、悬挂式两种，在其他场所也可采取柱式。附着式和悬挂式的固定应稳固不倾斜，柱式的标志牌和支架应牢固地连接在一起。

【知识学习】

标志牌一般不宜设置在移动的物体上，以免这些物体位置移动后，看不见安全标志。标志牌前不得放置妨碍认读的障碍物。

25. 为什么从业人员必须按规定佩戴和使用劳动防护用品？

从业人员在劳动生产过程中应履行按规定佩戴和使用劳动防护用品的义务。

按照法律、法规的规定，为保障人身安全，用人单位必须为从业人员提供必要的、安全的劳动防护用品，以避免或者减轻作业中的人身伤害。但在实践中，由于一些从业人员缺乏安全知识，心存侥幸或嫌麻烦，往往不按规定佩戴和使用劳动

防护用品，由此引发的人身伤害事故时有发生。另外，有的从业人员由于不会或者没有正确使用劳动防护用品，同样也难以避免受到人身伤害。因此，正确佩戴和使用劳动防护用品是从业人员必须履行的法定义务，这是保障从业人员人身安全和生产经营单位安全生产的需要。

【血的教训】

某日下午，某水泥厂包装车间在进行倒料作业中，包装工王某因脚穿拖鞋，行动不便，重心不稳，左脚踩进螺旋输送机上部10 cm宽的缝隙内，正在运行的机器将其脚和腿绞了进去。王某大声呼救，其他人员见状立即停车并反转盘车，才将王某的脚和腿退出。尽管王某被迅速送到医院救治，仍造成左腿高位截肢。

造成这起事故的直接原因是王某未按规定穿工作鞋，而是穿着拖鞋，在凹凸不平的机器上行走，失足踩进机器缝隙。这起事故告诉我们，上班时间职工必须按规定佩戴劳动防护用品，绝不允许穿着拖鞋上岗操作。一旦发现这种违章行为，班组长以及其他职工应该及时纠正。

26. 劳动防护用品有多少种类?

（1）按劳动防护用品防护性能分为特种劳动防护用品和一般劳动防护用品。特种劳动防护用品可分为6大类：头部护具类、呼吸护具类、眼（面）护具类、防护服类、防护鞋类、防坠落护具类。未列入特种劳动防护用品目录的劳动防护用品为一般劳动防护用品，如一般的工作服、手套等。

（2）按劳动防护用品防护部位分类：头部防护用品、呼吸器官防护用品、眼面部防护用品、听觉器官防护用品、手部防护用品、足部防护用品、躯干防护用品、护肤用品。

（3）按劳动防护用品用途分类：

按防止伤亡事故的用途可分为防坠落用品、防冲击用品、防触电用品、防机械外伤用品、耐酸碱用品、耐油用品、防水用品、防寒用品；按预防职业病的用途可分为防尘用品、防毒用品、防噪声用品、防振动用品、防辐射用品、防高低温用品等。

【相关链接】

选用劳动防护用品应当遵循以下原则：

（1）国家标准、行业标准或地方标准。

（2）生产作业环境、劳动强度以及生产岗位接触有害因素的存在形式、性质、浓度（或强度）和防护用品的防护性能。

（3）穿戴是否舒适方便，是否影响工作。

27. 使用劳动防护用品要注意什么？

在工作场所必须按照要求正确佩戴和使用劳动防护用品。劳动防护用品是根据生产工作的实际需要发给个人的，每个职工在生产工作中都要好好地应用它，以达到预防事故、保障个人安全的目的。使用劳动防护用品要注意的问题有：

（1）选择防护用品应针对防护目的，正确选择符合要求的用品，绝不能选错或将就使用，以免发生事故。

（2）对使用防护用品的人员应进行教育和培训，使其能充分了解使用目的和意义，并正确使用。对于结构和使用方法较为复杂的用品，如呼吸防护器，应进行反复训练，使人员能熟练使用。用于紧急救灾的呼吸器，要定期严格检验，并妥善存放在可能发生事故的地点附近，方便取用。

（3）妥善维护保养防护用品，不但能延长其使用期限，更重要的是能保证用品的防护效果。耳塞、口罩、面罩等用后应用肥皂、清水洗净，并用药液消毒、晾干。过滤式呼吸防护器的滤料要定期更换，以防失效。防止皮肤污染的工作服用后应集中清洗。

（4）防护用品应有专人管理，负责维护保养，保证劳动防护用品充分发挥其作用。

【相关链接】

职工所使用的劳动防护用品必须是由国家批准的正规厂家生产的符合国家标准的产品。

28. 建筑施工现场常用劳动防护用品的配置要求有哪些?

建筑施工企业必须根据作业人员的施工环境、作业需要,按照规定配发劳动防护用品,并监督其正确佩戴使用。

(1)施工现场的作业人员必须戴安全帽、穿工作鞋和工作服;特殊情况下不戴安全帽时,长发者从事机械作业必须戴工作帽。

(2)雨期施工应提供雨衣、雨裤和雨鞋,冬季严寒地区应提供防寒工作服。

(3)处于无可靠安全防护设施的高处作业,必须系安全带。

(4)从事电钻、砂轮等手持电动工具作业,操作人员必须穿绝缘鞋、戴绝缘手套和防护眼镜。

(5)从事蛙式夯实机、振动冲击夯作业,操作人员必须穿具有电绝缘功能的保护足趾安全鞋、戴绝缘手套。

(6)从事可能飞溅渣屑的机械设备作业,操作人员必须戴防护眼镜。

(7)从事脚手架作业,操作人员必须穿灵便、紧口的工作服,穿系带的高腰布面胶底防滑鞋,戴工作手套。高处作业时,必须系安全带。

（8）从事电气作业，操作人员必须穿电绝缘鞋和灵便、紧口的工作服。

（9）从事焊接作业，操作人员必须穿阻燃防护服、电绝缘鞋、鞋盖，戴绝缘手套和焊接防护面罩、防护眼镜等劳动防护用品。

（10）从事塔式起重机及垂直运输机械作业，操作人员必须穿系带的高腰布面胶底防滑鞋，穿紧口工作服，戴手套；信号指挥人员应穿专用标志服装，强光环境条件下作业，应戴有色防护眼镜。

【相关链接】

从事焊接作业的操作人员的劳动防护用品还应当符合下列要求：

（1）在高处作业时，必须戴安全帽与面罩连接式焊接防护面罩，系阻燃安全带。

（2）从事清除焊渣作业，应戴防护眼镜。

（3）在封闭的室内或容器内从事焊接作业，必须戴焊接专用防尘防毒面罩。

29. 建筑施工单位个人劳动防护用品管理原则是什么？

建筑施工单位的劳动防护用品的发放和管理，坚持“谁用工，谁负责”的原则。施工作业人员所在企业（包括总承包企业、专业承包企业、劳务企业等，下同）必须按国家规定免费发放劳动防护用品，更换已损坏或已到使用期限的劳动防护用品，不得收取或变相收取任何费用。劳动防护用品必须以实物的形式发放，不得以货币或其他物品替代。

企业采购个人使用的安全帽、安全带及其他劳动防护用品等，必须符合《安全帽》(GB 2811—2007)、《安全带》(GB 6095—2009)及其他劳动防护用品相关国家标准的要求。企业、施工作业人员，不得采购和使用无安全标记或不符合国家相关标准要求的劳动防护用品。

【法律提示】

2007 年 11 月 5 日，原建设部下发的“关于印发《建筑施工人员个人劳动保护用品使用管理暂行规定》的通知”，对建筑施工单位个人劳动防护用品管理进行了原则性地规定。

30. 建筑施工单位的劳动防护用品管理制度应包括哪些内容?

建筑施工单位应建立包括购置、验收、登记、发放、保管、使用、更换和报废等内容的劳动防护用品管理制度，劳动防护用品必须由专人管理，定期进行检查，并按照国家有关规定及时报废、更新。

(1) 劳动防护用品的购置。购置安全帽、安全带等劳动防护用品，施工单位应当查验其生产许可证和产品合格证。经查验，

不符合国家或行业安全技术标准的产品，不得购置。

（2）劳动防护用品的发放。劳动防护用品的发放和管理，坚持“谁用工，谁负责”的原则。施工作业人员所在施工单位必须按国家规定免费发放劳动防护用品，更换已损坏或已到使用期限的劳动防护用品，不得收取或变相收取任何费用。劳动防护用品必须以实物的形式发放，不得以货币或其他物品替代。

（3）劳动防护用品的检查。施工单位对劳动防护用品要定期进行检验，发现不合格产品应及时进行更换。

【相关链接】

特种劳动防护用品应到定点经营单位或生产企业购买。特种劳动防护用品必须具有“三证”和“一标志”，即生产许可证、产品合格证、安全鉴定证和安全标志。

31. 如何正确佩戴安全帽?

（1）首先检查安全帽的外壳是否破损（如有破损，其分解和削弱外来冲击力的性能就已减弱或丧失，不可再用），有无合格帽衬（帽衬的作用是吸收和缓解冲击力，若无帽衬，则失去了保护头部的功能），帽带是否完好。

（2）调整好帽衬

顶端与帽壳内顶的间距（4 ~ 5 cm），调整好帽箍。

（3）安全帽必须戴正。如果戴歪了，一旦受到打击，就起不到减轻对头部冲击的作用。

（4）必须系紧下颌带，戴好安全帽。如果不系紧下颌带，一旦发生构件坠落打击事故，安全帽就容易掉下来，导致严重后果。

现场作业中，切记不得将安全帽脱下搁置一旁，或当坐垫使用。

【血的教训】

2010 年 2 月 18 日，杭州市余杭区内某工地发生一起机械伤害事故，造成一人死亡，死者何某才 20 岁。事后调查发现，事发现场，有两名员工同时受一台有故障的合卷机移动的机架下的横档和导辊下的铁板的挤压，其中何某的头部被严重挤压受伤，另一名员工的头部也受到了挤压，由于其戴了安全帽，及时逃脱未受伤。可谓是“一顶安全帽，生死两重天！”

32. 如何正确使用安全带?

（1）应当检查安全带是否经质检部门检验合格，在使用前应检查各部分构件有无破损。

（2）安全带上的任何部件都不得私自拆换。

（3）在使用过程中，安全带应“高挂低用”，并防止摆动、碰撞，避免尖刺破坏，不得接触明火，不能将钩直接挂在安全绳上，应挂在连接环上。

（4）严禁使用打结和续接的安全绳，以防坠落时腰部受到较大冲力伤害。

（5）作业时应将安全带的钩、环挂在系留点上，各卡接扣紧，以防脱落。

（6）在温度较低的环境中使用安全带时，要注意防止安全绳的硬化割裂。

（7）使用后，将安全带、绳卷成盘放在无化学试剂、避光处，切不可折叠。在金属配件上涂些机油，以防生锈。

【血的教训】

2000年7月8日20时左右，广东梅州市某建筑工地发生了一起卷扬提升机吊篮坠落致2人当场摔死的恶性事故。事故原因查明后发现，除了卷扬机司机不懂安全操作规程违章操作之外，死亡的黄某、王某在维修吊篮脱轨，高空作业情况下，未按规定系安全带，致使惨剧发生。

33. 施工现场如何正确选用防护手套?

（1）防护手套的品种很多，首先应明确防护对象，根据防护功能来选用，切记不要误用。

（2）耐酸、耐碱手套使用前应仔细检查表面是否有破损。可采取的简易办法是向手套内吹口气，用手捏紧套口，观察是否漏气，如果有漏气则不能使用。

（3）绝缘手套要根据电压等级选用，使用前应检查表面有无裂痕、发黏、发脆

等缺陷，如有异常则禁止使用。

（4）焊工手套应有足够的长度，使用前应检查皮革或帆布表面有无僵硬、磨损、洞眼等残缺现象。

（5）橡胶、塑料等防护手套用后应冲洗干净、晾干，并撒上滑石粉以防粘连，保存时避免高温。

【相关链接】

防护手套一般分为以下几类：

（1）劳动保护手套。一般作业人员经常使用的手套，主要是为了防止手部碰伤、划伤，起防滑、保温作用。

（2）绝缘手套。建筑电工带电作业时使用的手套。

（3）耐酸、耐碱手套。接触酸、碱作业时使用的手套。

（4）焊工手套。焊工作业时使用的防护手套。

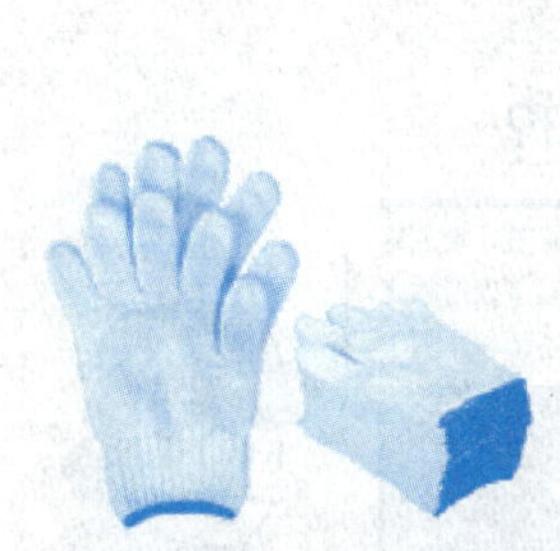

劳动保护手套

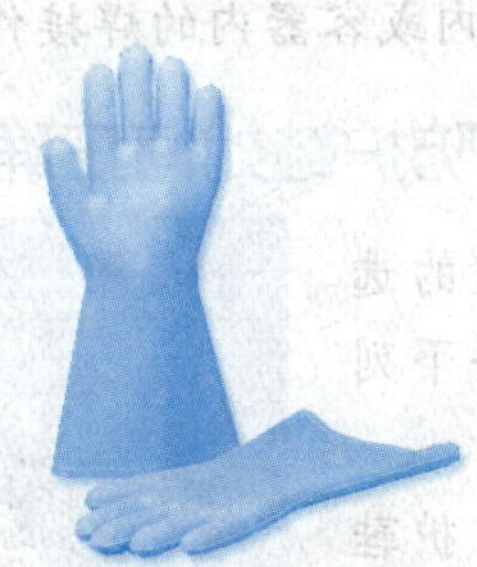

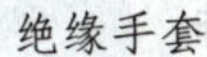

绝缘手套

焊工手套

34. 防尘口罩的使用有哪些注意事项？

（1）仔细阅读使用说明，了解适用性和防护功能，使用前应检查是否完好。

（2）进入危害环境前，应正确佩戴好防尘口罩，进入危害环境后应始终坚持佩戴。

（3）部件出现破损、断裂和丢失，以及明显感觉呼吸阻力增加时，应报废整个口罩。

（4）发现口罩有失效迹象时，按照使用说明及时更换。

（5）防止挤压变形、污染进水。

（6）使用后要仔细保养，防尘过滤布不得水洗。

【知识学习】

建筑施工作业现场内，一般在以下情况下应使用防尘口罩：

（1）钢筋除锈作业。

（2）淋灰、筛灰作业。

（3）搅拌混凝土作业。

（4）石材加工作业。

（5）木材加工机械作业。

（6）封闭室内或容器内的焊接作业。

35. 安全防护鞋如何正确使用？

安全防护鞋的选择和使用应符合下列要求：

（1）安全防护鞋除了须根据作业条件选择适合的类型外，还要挑选合适的鞋号码。

（2）各种不同性能的安全防护鞋，要达到各自防护性能的技术指标，如脚趾不被砸伤，脚底不被刺伤，绝缘导电等要求。

（3）使用安全防护鞋前要认真检查或测试。不得使用，破损和有裂纹的安全防护鞋。

（4）用后应检查并保持清洁，存放于无污染、干燥的地方。

【相关链接】

安全防护鞋鞋底一般采用聚氨酯材料一次注模成型，具有耐油、耐磨、耐酸碱、绝缘、防水、轻便等优点。安全防护鞋的选用应根据工作环境的危害性质和危害程度进行。安全防护鞋应有产品合格证和产品说明书，使用前应对照使用的条件阅读说明书，使用方法要正确。建筑施工现场上常用的有绝缘鞋（靴），防刺穿鞋，焊接防护鞋，耐酸、碱橡胶靴及皮安全鞋等。

施工现场安全用电

36. 电气设备应当符合哪些一般安全技术规定?

（1）各类施工机械的电气装置实行专人负责制，必须按规程要求定期检查，确保运行正常。

（2）未经动力部门检查合格的电气设备，不准安装使用。

（3）低压电气设备和器材的绝缘电阻不得低于规定要求；露天使用的电气设备应有良好的防雨性能或采取有效的防雨措施；水淋受潮的设备须经绝缘测试合格后，方可使用。

（4）电动机应装过载和短路保护装置，并应根据需要装设断相和失压保护装置。每台电机应有单独的操作开关。

（5）移动机具如空压机、电焊机、平刨、圆锯等应装随机控制的交流接触或铁壳开关。

（6）施工现场的手持电动工具必须严格按照国家标准（GB 3787、GB 3883）的要求进行管理、使用、检查和维修。

（7）电焊机的外壳应完好，其一、二次侧的接线柱应有防护罩保护；其一次侧电源应用橡套电缆线，一般长度不得超过 5 m。

（8）施工现场临时照明线必须由指定的现场电工按有关规定安装，限期拆除。严禁其他人擅自安装。

（9）现场的照明一律采用软质橡皮护套线并有漏电开关保护。

（10）移动式碘钨灯的金属支架应有可靠的接地（接零）保护和漏电开关保护；灯具距地不低于规定距离。

【相关链接】

施工现场的照明电压按如下规定：一般施工现场——220 V；工作手灯——36 V；危险场所——36 V；无触电保护措施的移动式照明——36 V；顶管管内作业——36 V；工作面窄场所——12 V；特别潮湿场所——12 V；金属容器内——12 V。

37. 电气设备保护接地和保护接零有什么安全规定?

（1）所有电气设备的金属外壳以及和电气设备连接的金属构架等，必须采取有效的接地或接零保护。

（2）中性点不接地系统中的电气装置应采用保护接地，接地体、接地线及其连接必须严格按有关规定的要求选材和安装。

（3）中性点直接接地系统中的电气装置应采用保护接零。接零保护装置应严格按规范进行安装。低压架空线路的干线和分支线始端和终端以及沿线应有重复接地，配电箱及起重机道轨也应有重复接地。

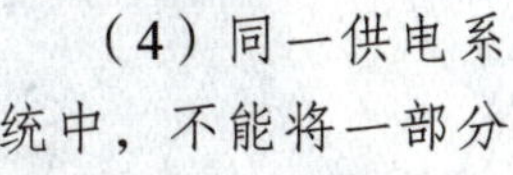

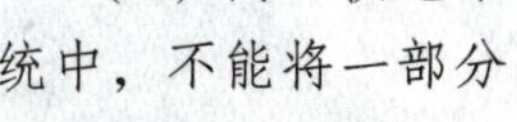

（4）同一供电系统中，不能将一部分电气设备接地，而将另一部分电气设备接零。

（5）所有电气设备的保护零线应以并联方式与零干线连接，

零线的断面不应小于相线载流量的一半，零线上不准装设开关和熔断器。单相电气设备必须设置单独的保护零线，不得利用设备自身的工作零线兼做接零保护。

【相关链接】

塔吊的接地极应在轨道的两端各设一组，每超过一定距离，应增设一组，其接地电阻应符合要求。

金属脚手架、井架、塔吊和高度超过 10 m 的建筑物，应按规定设置防雷装置和接地装置，接地电阻不得大于规定要求。

38. 配电箱如何保证安全?

（1）从现场总配电装置至各用电设备，应经过多级配电装置，各级配电装置的容量应与实际负载匹配，其结构型式、盘面布置和系统接线，要做到规范化。

（2）Ⅰ型电源配电箱（下杆电箱）作为总变配电装置后的第二级配电装置，应靠近用电集中处；Ⅱ型电源配电箱（分电箱）作为第三级配电装置，可直接向负载供电，应做到一闸一机，开关应采用与用电设备相匹配的漏电开关；Ⅲ型电源配电箱，作为搅拌机、卷扬机等专用设备使用的第四级配电装置，

应设在设备附近；箱内可设由漏电开关控制的备用插座，供维修时另接设备用。

（3）拖线箱作为移动式配电装置，必须有可靠的防雨措施和接地保护，开关或分路熔断器必须与用电设备匹配，同一箱内不得用单相三眼和三相四眼不同电源的插座。

（4）各类插座必须符合国家标准，并保护完好，单相电源的设备，必须使用单相三眼插座，插座上方应有单独分路熔断丝保护，插座的接地线不准串联。

（5）各种熔断器的熔体必须严格按规定合理选用，各级熔体应相互匹配。

（6）各级配电箱应明确专人负责，做好检查维修和清洁工作。箱内应保持整洁，不准存放任何东西，箱周围的通道应保持畅通。

【相关链接】

熔断器的熔体应采用合格的铅合金熔丝，严禁用铁丝、铝丝等非专用熔丝替代，严禁用多股熔丝代替一根较大的熔丝。容量在 60 A 以上的，可以采用合格的铜熔丝。

39. 输配电线路有哪些安全规定?

（1）施工现场供电线路的安装架设应做到规范化、条理化，严禁乱拖乱拉。

（2）施工现场不得架设裸导线；输电干线、分支线及设备电源线的绝缘应符合规程要求；合杆多层架设的层间距一般不小于0.6 m。

（3）架空导线的截面必须满足安全载流量、机械强度和电压损失的要求，工作零线与保护零线应分开。

（4）施工现场的架空线路与施工建筑物、大型起重设备必须保持规程规定的安全距离；架空线路与地面、道路必须保持规程规定的高度。

（5）施工现场电缆严禁沿地明设，过路必须按规定设置保护装置，以防机械损伤和介质腐蚀，严禁将电缆绑在脚手架钢管等导电体上，以免发生触电事故。

（6）施工现场位于高压架空线一侧，须搭设防护架，井架和脚手架高于高压线的部位必须全部张设安全网，起重机械不得在高压线下方作业，在其一侧工作时，起重臂、钢丝绳和吊物与高压线必须保持规程规定的安全距离。

（7）施工现场的临时线的架设，必须经动力设备部门批准，并签注使用期限，期满后必须立即拆除；临时线必须由专职电工负责安装、维修和拆除。

（8）每幢建筑物的电源进线不得超过两路，如需用多路电源，应从分电箱合理配电。

【相关链接】

6级以上大风、大雪及雷雨天气，施工单位应立即组织巡视检查，发现问题及时采取措施。

40. 变、配电设施有哪些安全规定？

（1）现场临时变电所及其高低压线路装置均应严格按有关规定进行安装，经验收合格后，方准通电使用。

（2）现场临时变电所的选址要适当，变压器应安装在高于地面的基础上，周围设围墙，变电所外墙应张挂安全警告标志。

（3）变、配电设备的检、修维护及预防性试验应按规程规定的周期和要求进行；雷雨季节应严格按供电局的检查提纲进行全面检查。

（4）严格按规程要求做好防雨雪、防汛、防火和防小动物的工作，保证变、配电室有良好的通风条件，保持室内外整洁以及出入通道的畅通。

（5）严格执行高压停、送电制度，发现变压器异常情况，应立即停机并报告。

（6）配电变压器与施工现场的沟槽（或竖井），应保持必要的安全距离。

【相关链接】

凡有人值班的变、配电站都是安全要求较高的变、配电站，值班人员对变、配电站及其内装备的各种电气设备的安全运行负有重要的责任。值班人员应熟悉电气设备配置、性能和电气

结线，单人值班不得单独从事检修工作。单独值班人员应有实际工作经验。

41. 施工现场电气如何进行安全管理?

（1）施工现场必须建立、健全电气安全管理和责任制度，各级动力设备部门负责电气安全管理，公司和队均应设一名专职（或兼职）人员负责电气安全；各级安全部门负责监督检查；施工现场的各类电工在动力设备部门的指导下，负责管辖范围内的电气安全。

（2）各单位编制工程施工组织设计（施工）方案，必须有专项电气安全设计方案，包括输电线路的走向，固定配电装置的设置点及其配电容量，大型电气设备、集中用电设备的平面布置，有针对性的电气安全技术措施，并严格按设计要求安装。

（3）施工现场的电气设备必须有有效的安全技术措施。

（4）电气线路和设备安装完工后，由动力设备部门会同安全部门、施工单位进行验收，合格后方可投入运行。

（5）必须经常对现场的电气线路和设备进行安全检查。对电气绝缘，接地、接零电阻，漏电保护器等开关是否完好，必

须指定专人定期测试。台汛季节要强化检查，对查出的问题要编制电气安全技术措施计划限期解决。

【相关链接】

施工现场必须建立、健全电气安全管理制度，一般包括：凡是触及或接近带电体的地方，均应采取绝缘、屏护以及保持安全距离等措施；电力线路和设备的选型必须按国家标准限定安全载流量；所有电气设备的金属外壳必须具备良好的接地或接零保护；所有的临时电源和移动式用电工具必须设置有效的漏电保护开关，有醒目的电气安全标志。无有效安全技术措施的电气设备，不准使用。

42. 施工现场电气安全技术制度有哪些?

（1）严格遵守各类电气设备、设施的安全技术操作规程。

（2）严格遵守电气安全值班负责制和交接班制。

（3）严格遵守电气设备、电气线路的检查、维修、保养制度。

（4）电工有权拒绝执行违反电气安全规程的指令，有权制止违反用电安全的行为。

（5）发生电气工伤、电气火灾和电气设备等事故，必须按“四不放过”的原则认真查处，并采取切实可行的防范措施。

【知识学习】

“四不放过”原则是指：在调查处理工伤事故时，必须坚持事故原因分析不清不放过，事故责任者和群众没有受到教育不放过，没有采取切实可行的防范措施不放过，事故责任人没有受到处罚不放过的原则。

43. 电气事故可分为哪几类?

电气事故是与电相关联的事故，包括人身事故和设备事故。人身事故和设备事故都可能导致二次事故，而且二者很可能是同时发生的。从能量的角度看，电能失去控制将造成电气事故。按照电能的形态，电气事故可分为触电事故、雷击事故、静电事故、电磁辐射事故和电路事故。

（1）触电事故。触电事故是由电流形式的能量对人造成的事故，分为电击和电伤：电击是电流直接通过人体造成的伤害；电伤是电流转换成热能、机械能等其他形式的能量作用于人体造成的伤害。在触电伤亡事故中，尽管大约 85% 以上的死亡事故是电击造成的，但其中大约 70% 的事故含有电伤的因素。

（2）雷击事故。雷击事故是由自然界中正、负电荷形成的巨大能量造成的事故。雷击有引起爆炸和火灾、造成触电、毁坏设备和设施以及造成事故停电的危险。

（3）静电事故。静电事故是工艺过程中或人们活动中产生的，相对静止的正电荷和负电荷式的能量造成的事故。静电事故的主要危险是引起爆炸和火灾外，还会造成电击和妨碍生产。

（4）电磁辐射事故。电磁辐射事故电磁波形式的能量造成的事故。辐射电磁波指频率 100 kHz 以上的电磁波。

【相关链接】

在一定强度的高频电磁波照射下，人体所受到的伤害主要表现为头晕、记忆力减退、睡眠不好等神经衰弱症状，严重者除神经衰弱症状加重外，还伴有心血管系统症状。电磁波对人体的伤害有滞后性，并可能通过遗传因子影响到后代。除对人体有伤害外，高频电磁波还能造成高频感应放电和电磁干扰。

44. 电工操作要注意哪些安全事项？

（1）电工作业时必须穿好绝缘鞋，一般情况下严禁带电作业。

（2）登高作业必须两人以上，并戴好安全帽，对用电现场采取安全措施，对所有用电设备要有良好的接地，发现问题及时处理，不得带电运转。

（3）检查时应切断电源，挂上“不准合闸”的告示牌。检修送电必须认真检

查，确定无问题，方能送电。

（4）各种机械设备严禁超载运转，对违反安全操作规程的有权停止供电。

（5）现场传动机械必须做到一机一闸一漏，严禁一闸多用。

（6）负责井架限位、避雷针装置、漏电开关定期测试工作，发现失灵、失效的必须及时调换。

【法律提示】

电工操作时，必须严格遵守《施工现场临时用电安全技术规范》（JGJ 46—2005）的规定进行作业。

45. 电工的岗位职责主要有哪些？

（1）电工必须持证上岗。

（2）必须掌握安全用电基本知识、急救知识和用电设备的性能。

（3）使用设备前必须检查设备各部位的性能均正常后方可通电使用。

（4）停用的设备必须拉闸断电，锁好开关箱。

（5）电工作业时必须穿戴好必要的劳动防护用品。

（6）严禁带电作业，设备严禁带病运行。

（7）保证电气设备、移动电动工具、临时用电正常运行和安全使用。

【相关链接】

发生人身触电事故时，电工应能够立即采取有效的急救措施。

高处作业安全

46. 什么叫高处作业?

根据《建筑施工高处作业安全技术规范》(JGJ 80—1991)的有关规定,高处作业是指在坠落高度基准面2 m以上(含2 m),有可能发生坠落的高处进行的作业。

建筑施工的高处作业主要包括临边、洞口、攀登、悬空、操作平台及交叉等作业。

高处作业工作量大、操作人员多、员工的流动性大，加上多工种的交叉、立体作业，并且临时设施多，现场条件差，各种不安全因素多，因此安全事故发生也较多。“高处坠落、物体打击、机械伤害、触电、坍塌”这5大伤害严重威胁着建筑施工单位职工的健康和生命安全，而“高处坠落”又被列为建筑施工“五大伤害”之首，事故发生率极高，约占各类事故总数的50%以上，危险性极大。

【知识学习】

坠落高度基准面是在可能坠落范围内最低处的水平面。可能坠落的范围是以作业位置为中心，可能坠落距离为半径划成的与水平面垂直的柱形空间。

可能坠落范围半径R，根据高度h不同分别是：

当高度h为2～5 m时，半径R为2 m；

当高度h为5～15 m时，半径R为3 m；

当高度h为15～30 m时，半径R为4 m；

当高度 h 为 30 m 以上时，半径 R 为 5 m。

高度 h 为作业位置至其底部的垂直距离。

47. 能够直接引起高处坠落的客观危险因素有哪些?

（1）阵风风力 5 级（风速 8.0 m/s）以上。

（2）GB/T 4200—2008 规定的Ⅱ级或Ⅱ级以上的高温作业。

（3）平均气温等于或低于 5℃的作业环境。

（4）接触冷水温度等于或低于 12℃的作业。

（5）作业场地有冰、雪、霜、水、油等易滑物。

（6）作业场所光线不足，能见度差。

（7）作业活动范围与危险电压带电体的距离小于规定值。

（8）摆动。立足处不是平面或只有很小的平面，即任一边小于 500 mm 的矩形平面，直径小于 500 mm 的圆形平面或具有类似尺寸的其他形状的平面，致使作业者无法维持正常姿势。

（9）GB 3869—1997 规定的Ⅲ级或Ⅲ级以上的体力劳动强度。

（10）存在有毒气体或空气中氧的体积分数小于 0.195 的作

业环境。

（11）可能引起各种灾害事故的作业环境和突然发生的各种灾害事故的抢险现场。

【相关链接】

高处作业高度是指该作业区各作业位置至相应坠落高度基准面的垂直距离中的最大值。

高处作业高度分为 2 ~ 5 m，5 ~ 15 m，15 ~ 30 m 及 30 m 以上 4 个区段。

48. 高处作业的安全技术措施一般有哪些？

（1）设置安全防护设施，如防护栏杆、挡脚板、洞口的封口盖板、临时脚手架和平台、扶梯、防护棚（隔离棚）、安全网等。

（2）设置通信装置，如为塔式起重机司机配备对讲机。

（3）高处作业周边部位设置警示标志，夜间挂有红色警示灯。

（4）设置足够的照明。

（5）穿防滑鞋，正确佩戴和使用安全帽、安全带等劳动防护用具。

（6）设置供作业人员上下的扶梯和斜道。

【相关链接】

按照《高处作业分级》（GB/T 3608—2008）的规定，不存在能够直接引起高处坠落的任何一种客观危险因素的高处作业按下表规定的 A 类法分级，存在一种及以上客观危险因素的高处作业按下表规定的 B 类法分级。

表　　　　　　　　　高处作业分级

分类法	高处作业高度(m)			
	$2 \leqslant h_w \leqslant 5$	$5 < h_w \leqslant 5$	$15 < h_w \leqslant 30$	$h_w > 30$
A	Ⅰ	Ⅱ	Ⅲ	Ⅳ
B	Ⅱ	Ⅲ	Ⅳ	Ⅳ

49. 高处作业的安全管理措施主要有哪些内容?

（1）凡从事高处作业的人员，应经体检合格，达到法定劳动年龄，具有一定的文化程度，接受安全教育。从事架体搭设、起重机械拆装等高处作业的人员还应取得特种作业人员操作资格证书。

（2）因作业需临时拆除或变动安全防护设施时，必须经有关负责人同意并采取相应的可靠措施，作业后应立即恢复。

（3）遇有6级（风速10.8 m/s）以上强风、浓雾等恶劣气候，不得进行露天高处作业。

（4）高空作业所用材料要堆放平稳，工具应随手放入工具袋（套）内，严禁高处抛掷作业工具、材料等。

（5）严禁跨越或攀登防护栏杆以及脚手架和平台等临时设

施的杆件。

（6）雨天和雪天进行高处作业时，必须采取可靠的防滑、防寒和防冻措施，凡水、冰、霜、雪均应及时清除。高空作业衣着要灵便，禁止穿硬底和带钉、易滑的鞋。

（7）没有安全防护设施，禁止在屋架的上弦、支撑、桁条、挑架的挑梁和未固定的构件上行走或作业。高空作业与地面联系，应设通信装置，并专人负责。

（8）乘人的外用电梯、吊笼，应有可靠的安全装置。除指派的专业人员外，禁止攀登起重臂、绳索和随同运料的吊篮、吊装物上下。

（9）加强安全巡查。

【相关链接】

根据《建筑安装工人安全技术操作规程》有关规定，从事高处作业的人员要定期体检，凡患有高血压、心脏病、贫血病、癫痫病以及其他不适合从事高处作业的人员不得从事高处作业。

50. 临边作业安全防护设施应如何设立？

临边作业的主要防护设施是防护栏杆和安全网。

临边防护用的栏杆是由栏杆立柱和上下两道横杆组成，上横杆称为扶手。上横杆离地高度为 1.0 ~ 1.2 m，下横杆离地高度为 0.5 ~ 0.6 m。临边作业的防护栏杆应能承受 1 000 N 的外力撞击。

当横杆长度大于 2 m 时，应当加设栏杆立柱。

在建筑施工现场用来防止人、物坠落或用来避免、减轻坠落及物体打击伤害的网具，统称安全网。安全网主要有平网和立网两种：水平方向安装，用来承接人和物坠落的垂直载荷的，称为安全平网；垂直方向安装，用来阻挡人和物坠落的水平载荷的，称为安全立网。

防护栏杆必须自上而下用安全立网封闭或在栏杆下边设置严密固定的高度不低于 180 mm 的挡脚板或 400 mm 的挡脚笆。对临街或人流密集处、斜坡屋面处、施工升降机的接料平台及通道两侧，应自上而下加挂密目安全网。

【相关链接】

在施工现场，坠落高度在 2 m 及以上的作业面，如边缘无围护设施或有围护设施但其高度低于 800 mm 时，这类作业称为临边作业。

尚未安装栏杆的阳台周边，无外架防护的屋面周边，框架工程楼层周边，上下通道斜道两侧边，卸料平台的外侧边称为建筑施工“五临边”。

51. 洞口作业的安全防护措施有哪些？

洞口作业的防护措施，主要有设置封口盖板、防护栏杆、栅门、格栅及架设安全网等方式。

（1）水平面上的洞口，应按口径大小设置不同的封口盖板。25 ~ 50 cm 的较小洞口、安装预制件的临时洞口，一般可用竹、木盖板封口；

50～150 cm 较大的洞口，可用钢管扣件设置的网格或钢筋焊接成的网格，网格间距不大于 20 cm，然后盖上竹、木盖板并固定；边长大于 150 cm 的大洞口应在四周设置防护栏杆，并在洞口下方设置安全平网。

（2）垂直面上的洞口，一般采用工具式、开关式或固定式防护门，也可采用栏杆加挡脚板（笆）防护。

（3）施工升降机、物料提升机吊笼上料通道口，应装设有联锁装置的安全门；接料平台接料口应当设可开启的栅门，不进出时应处于关闭状态。

（4）电梯井口、立面洞口根据具体情况设防护栏或固定栅门、工具式栅门，电梯井内每隔两层或最多 10 m 设一道安全平网。

（5）安全通道附近的各类洞口与场地上深度在 2 m 以上的洞口等处，除设置防护设施与安全标志外，夜间还应设红灯示警。

【相关链接】

在建筑施工现场的洞口旁，且有 2 m 及以上坠落高度的作业，统称为洞口作业。楼梯口、电梯井、预留洞口和通道口称为建筑施工“四口”。

52. 攀登作业使用梯子有哪些安全注意事项?

（1）购置的扶梯，必须符合有关标准的要求。

（2）踏板间距宜在 30 cm 左右，不得缺档。

（3）踏板应当采用具有防滑性能的材料。

（4）踏板承载能力不得小于 1 100 N。

（5）移动梯可接高使用，但只能接高一次，接高后连接部位的承载能力不得小于 1 100 N。

（6）移动梯、折梯在使用中，应有防滑装置，不得用凳子、木箱等临时垫高。

（7）上下梯子时，必须面向梯子，一般情况下不得手持器物。

（8）梯子应当设置在周围相应的坠落半径外。

（9）使用移动梯和折梯时，旁边应另有人看管、监护。

【相关链接】

在施工现场，凡借助于登高工具或设施，在攀登条件下进行的高处作业，统称为攀登作业。由于人体在高空中且处于不断的移位活动状态，所以攀登作业有很大的危险性。在建筑施工现场，攀登作业使用的主要工具是梯子，登高作业使用的梯子主要有移动梯、折梯、固定梯和挂梯4类。

53. 什么是悬空作业?

施工现场，在周边临空状态，无立足点或无牢固可靠立足点的条件下进行的高处作业，称为悬空作业。建筑施工现场悬空作业主要有以下6大类：

（1）构件吊装与管道安装。

（2）模板及支架系统的搭设与拆卸。

（3）钢筋绑扎和安装钢骨架。

（4）混凝土浇筑。

（5）预应力现场张拉。

（6）门窗安装作业等。

【相关链接】

悬空作业所使用的安全带挂钩、吊索、卡环和绳夹等必须符合相应规范的规定和要求。

54. 悬挑式操作平台的安全要求有哪些?

悬挑式操作平台具有操作面积大、承载力大和可周转使用等特点。悬挑式操作平台的设计应符合相应的设计规范，搁支点和上端吊挂点都必须设在可靠的建筑物结构上，不得设置在脚手架等任何施工设施上；操作平台的临边应设置防护栏杆，在显著位置悬挂限载标志，不得超过设计允许载荷使用。

悬挑式钢平台应按相应规范通过计算进行结构设计，其构造应能有效防止其左右晃动。悬挑式钢平台四角应采用甲类3号沸腾钢制作的4个吊环，以备吊运钢平台时使用，吊运平台时应使用卡环，严禁用吊钩直接钩挂吊环。安装钢平台时应采用专用挂钩将钢丝绳挂牢，不得已采用普通钢丝绳卡时，每绳不得少于3个卡子，安装后钢平台外口应略高于内口，钢平台两侧必须装设固定的防护栏杆和安全网。钢平台使用前后应有专人进行检查，当发现钢丝绳有锈蚀、断丝或焊缝脱开等现象时，应及时修复或更换。

【相关链接】

在施工现场常搭设各种临时性的操作台、架，用于砌筑、浇注、装修和设备安装等作业。在建筑施工现场，凡在一定工期内，用于承载物料、为作业人员提供操作活动空间的平台，统称为操作平台。

施工现场常用的操作平台主要有移动式和悬挑式两种。

55. 交叉作业应注意哪些主要安全事项?

（1）支模、砌筑、粉刷等立体交叉施工时，任何时间、场合都不允许在同一垂直方向进行作业。下层作业的位置必须处于按上层高度可能坠落物件的范围之外，当无法满足上述要求时，必须设置安全防护棚或张拉双层水平安全网。

（2）拆卸模板、脚手架、起重机械时，应在地面上设置警戒区，并设专人监护，警戒区内不得有无关人员进入和停留。

（3）临时堆放的拆卸器具、部件、物料等，离作业处边缘的距离不得小于 1 m，堆放高度不得超过 1 m。

（4）结构施工自二层起，有交叉施工的场合，应按规定设置安全平网；人员进出的通道口（包括物料提升机和施工升降机的进出料通道口）应设置安全通道；塔式起重机回转半径以内区域的加工作业区，应当设置防护棚（隔离棚）。

（5）防护棚（隔离棚）、安全通道的顶部，防穿透能力应不小于安全平网的防护能力；达到一定高度的交叉作业，防护棚

(隔离棚)、安全通道的顶部应设置双层防护。

【相关链接】

在建筑施工现场，往往上层结构还未完工，下层就开始砌筑填充墙、进行设备安装、装饰装修、物料运送等作业，人员频繁走动，极易造成坠物伤人事故。

施工现场上下不同层次，在空间贯通状态下同时进行的高处作业，称为交叉作业。

施工现场消防安全

56. 火灾如何分类？

（1）火灾按燃烧对象进行分类：

A 类火灾。普通固体可燃物燃烧而引起的火灾。固体物质是火灾中最常见的燃烧对象，如木材及木制品、纤维板、胶合板、纸张、纸板、棉花、棉布、服装、粮食、谷类、豆类、合成橡胶、合成纤维、合成塑料、化工原料、建筑材料、装饰材料等，可燃的固体物质种类极其繁杂。

B 类火灾。油脂及一切可燃液体燃烧引起的火灾，油脂主要包括煤油、柴油、重油、动植物油；可燃液体主要有酒精、苯、乙醚、丙酮等各种有机溶剂。原油罐、汽油罐是 B 类火灾的重点保护对象。

C 类火灾。可燃气体燃烧引起的火灾，如煤气、天然气、甲烷、氢等引起的火灾。

D 类火灾。可燃金属燃烧引起的火灾，如钠、钾、钙、镁、铝、锶等金属火灾。

带电火灾。指带电的电气设备及其他物体燃烧的火灾。

（2）按火灾损失严重程度分类：

特大火灾。死亡10人以上（含10人）；重伤20人以上；死亡、重伤20人以上；受灾50户以上；烧毁财物损失100万元以上。

重大火灾。死亡3人以上；受伤10人以上；死亡、重伤10人以上；受灾30户以上；烧毁财物损失30万元以上。

一般火灾。不具备以上条件的火灾。

（3）按火灾发生场地与燃烧物质分类：

建筑火灾。主要有普通建筑火灾、高层建筑火灾、大空间建筑火灾、商场火灾、地下建筑火灾、古建筑火灾。

物质（仓库）火灾。主要有危险化学品库火灾、石油库火灾、可燃气体库火灾。

生产工艺火灾。主要有普通工厂矿山火灾、化工厂火灾、石油化工厂火灾、可燃爆矿火灾。

原野火灾（自然火灾）。主要有森林火灾、草原火灾。

运输工具火灾。主要有汽车火灾、火车火灾、船舶火灾、飞机火灾、航天器火灾。

特种火灾。主要有战争火灾、地震火灾、辐射性区域火灾。

【知识学习】

在所有火灾中，按损失划分，建筑火灾约占2/3，是损失最大的。在物资火灾中，石油库火灾损失最大。在原野火灾中，森林火灾损失最大，现在全世界28亿公顷森林中，每年火灾烧毁约1 000万公顷。

57. 建筑施工现场应采取哪些主要的防火安全措施?

（1）建立落实防火安全责任制。建筑工地施工人员多，往往几个单位在一个工地施工，管理难度大，因而，必须认真贯彻“谁主管，谁负责”的原则，明确安全责任，逐级签订安全责任书，确保安全。

（2）现场要有明显的防火宣传标志。必须配备消防用水和消防器材，要害部位应配备不少于4个灭火器，并经常检查、维护、保养，保证灭火器材灵敏有效。施工现场的义务消防队员，要定期组织教育培训。

（3）加强施工现场道路管理。合理规划施工现场，留出足够的防火间距。要求施工现场必须设置临时消防车道，其宽度不得小于3.5 m，保证消防通道24 h畅通，禁止在临时消防车道上堆物、堆料或挤占临时消防车道。

（4）加强对明火的管理，保证明火与可燃、易燃物堆场和仓库的防火间距，防止飞火，对残余火种应及时熄灭。

（5）加强电焊、气焊操作管理。切实加强临时用电和生活用电安全管理。

【相关链接】

在建筑施工现场消防管理中，还要对重点工种人员进行培训。要对一些从事火灾危险性较大的工种，如电工、油漆工、焊工、锅炉工等进行必要的消防知识培训，保证施工安全。

58. 什么是三级动火审批制度?

为保证企业的防火安全，企业应设固定的动火车间（或场地），同时加强对临时动火的部位和场所管理，坚持动火审批制度。

（1）一级动火审批。一级动火的情况有：禁火区域内，油罐、油槽车以及储存过可燃气体、易燃可燃液体的各种容器和设备，各种有压设备，危险性较大的高空焊割作业，比较密闭的房间、容器和场所，作业现场堆存大量可燃和易燃物质。一级动火制度的基本内容有：由要求进行焊割作业的车间或企业的行政负责人填写动火申请单，交调度部门，由其召集焊工、安全、保卫、消防等有关人员到现场，根据现场实际情况，研究出安全实施方案，明确岗位责任，定出作业时间，由参加部门的有关人员在动火申请单上签字，然后交企业主管领导审批。对危险性特别大的动火项目，由企业向上级有关主管部门提出报告，经审批同意后，才能进行动火。

（2）二级动火审批。二级动火情况有：在具有一定火险因素的非禁火区域内进行临时性焊割作业；小型的油箱、油桶等容器；登高焊割作业。二级动火制度的基本内容有：由申请焊割作业者填写动火申请单，由车间或工段的负责人召集焊工、车间安全员进行现场检查，在落实安全措施的前提下，由车间负责人、焊工和车间安全员在申请单上签字后，交给企业主管部门或保卫部门审批。

（3）三级动火审批。三级动火情况有：凡属非固定的、没有明显火险因素的场所，必须临时进行焊割作业的都属三级动火范围。三级动火的基本内容：由申请动火者填写动火申请单，由焊工、车间或工段安全员签署意见后，报车间或工段长审批。

【知识学习】

所谓动火，是指在生产中动用明火或可能产生火种的作业。如熬沥青、烘砂、烤板等明火作业和凿水泥基础、打墙眼、电气设备的耐压试验、电烙铁锡焊、凿键槽、开坡口等易产生火花或高温的作业等都属于动火的范围。动火作业所用的工具一般是指电焊、气焊（割）、喷灯、砂轮、电钻等。

59. 什么是建筑施工焊割作业“十不烧”？

（1）焊工必须持证上岗，无安全操作证的人员，不准进行焊割作业。

（2）凡属一级、二级、三级动火范围的焊割作业，未经办理动火审批手续，不准进行焊割。

（3）焊工不了解焊割现场周围情况，不得进行焊割。

（4）焊工不了解焊件内部是否安全时，不得进行焊割。

（5）各种装过可燃气体、易燃液体和有毒物质的容器，未经彻底清洗，排除危险性之前，不准进行焊割。

（6）用可燃材料作保温层、冷却层、隔声、隔热设备的部位，或火星能飞溅到的地方，在未采取切实可靠的安全措施之前，不准焊割。

（7）有压力或密闭的管道、容器，不准焊割。

（8）焊割部位附近有易燃易爆物品，在未作清理或未采取有效的安全措施前，不准焊割。

（9）附近有与明火作业相抵触的工种在作业时，不准焊割。

（10）与外单位相连的部位，在没有弄清有无险情，或明知存在危险而未采取有效的措施之前，不准焊割。

【血的教训】

2010 年 11 月 15 日 14 时，上海市静安区胶州路一栋高层公寓起火。起火点位于 10 ~ 12 层，整栋楼都被大火吞噬包围。大火导致 58 人遇难，另有 70 余人入院治疗，火灾事故造成的财产损失巨大，在社会上造成极其恶劣的影响。事故原因已查明，是由无证电焊工违章操作引起的，4 名犯罪嫌疑人已经被公安机关依法刑事拘留。造成火灾存在的安全管理问题有：装修工程违法违规、层层多次分包；施工作业现场管理混乱，存在明显抢工行为；事故现场违规使用大量尼龙网、聚氨酯泡沫等易燃材料等问题。

60. 专职消防队员的职责是什么？

企业专职消防队的任务主要是负责本企业的消防工作，但也负有支援公安消防部队扑救火灾的任务和扑救邻近企业、居民火灾的职责，其主要职责是：

（1）拟订本企业的消防工作计划。

（2）负责领导本企业内义务消防队的工作。

（3）组织防火班或防火员检查消防法规和各项消防制度的执行情况。

（4）开展防火检查，及时发现火险隐患，提出整改意见，并向有关领导汇报。

（5）配合有关部门对本企业职工进行消防宣传教育。

（6）维护保养消防设备和器材。

（7）经常进行灭火技术训练，制定灭火作战方案，定期组织灭火演练。

（8）发现火灾立即出动，积极进行扑救，并向公安消防部队报告。

（9）协助本企业有关部门调查火灾原因，提出处理意见。

（10）配合公安消防部队参加灭火战斗。

【相关链接】

企业从业人员必须认真遵守消防法规，履行法律赋予的消防安全职责，这是保障社会财富免遭火灾危害，保护公共消防设施免遭破坏的重要基础。

61. 建筑装修中应采用哪些防火安全措施？

（1）建筑内部装修设计应妥善处理装修效果和使用安全的矛盾，积极采用不燃性材料和难燃性材料，尽量避免采用在燃烧时产生大量浓烟或有毒气体的材料，做到安全适用，技术先进，经济合理。

（2）装修材料应该严格选用符合防火等级标准的合格材料。

（3）当采用不同装修材料进行分层装修时，各层装修材料的燃烧性能等级均应符合消防规范要求。

（4）当建筑内部顶棚或墙面表面局部采用多孔或泡沫状塑料时，其厚度不应大于15 mm，且面积不得超过该房间顶棚或墙面积的10%。

（5）应该根据被装修建筑的使用性质，严格按照标准区别选用所用装修材料。

【血的教训】

唐山林西百货大楼虽然只有3层，1993年2月发生的火灾，却造成80人死亡，多人受伤，以及重大财产损失，一个十分重要的原因就是大楼内装修采用了可燃材料。

某市一大酒店1999年10月18日，因推拿房内遗留烟头引起火灾，由于改建成康乐城时违章使用大量可燃材料，包括吊顶、木隔断、墙软包、纤维地毯和木地板，火灾时产生大量有害烟气，造成14人死亡。

62. 常用的灭火器有哪些类型?

按充装灭火剂的种类不同，常用灭火器有水型、空气泡沫型、干粉型、卤代烷型、二氧化碳型、7150型灭火器具。

（1）水型灭火器。这类灭火器中充装的灭火剂主要是水，另外还有少量的添加剂。清水灭火器、强化液灭火器都属于水型灭火器。水型灭火器主要适用扑救可燃固体类物质如木材、纸张、棉麻织物等的初起火灾。

（2）空气泡沫灭火器。这类灭火器中充装的灭火剂是空气泡沫液。根据空气泡沫灭火剂种类的不同，空气泡沫灭火器又可分蛋白泡沫灭火器、氟蛋白泡沫灭火器、水成膜泡沫灭火器和抗溶泡沫灭火器等。主要适用扑救可燃液体类物质如汽油、煤油、柴油、植物油、油脂等的初期火灾；也可用于扑救可燃固体类物质如木材、棉花、纸张等的初起火灾。对极性（水溶性）如甲醇、乙醚、乙醇、丙酮等可燃液体的初起火灾，只能用抗溶性空气泡沫灭火器扑救。

（3）干粉灭火器。这类灭火器内充装的灭火剂是干粉。根据所充装的干粉灭火剂种类的不同，有碳酸氢钠干粉灭火器、钾盐干粉灭火器、氨基干粉灭火器和磷酸铵盐干粉灭火器。我国主要生产和发展碳酸氢钠干粉灭火器和磷酸铵盐干粉灭火器。碳酸氢钠适用于扑救可燃液体和气体类火灾，其灭火器又称BC干粉灭火器。磷酸铵盐干粉适用于扑救可燃固体、液体和气体类火灾，其灭火器又称ABC干粉灭火器。因此，干粉灭火器主要适用扑救可燃液体、气体类物质和电气设备的初起火灾。ABC型干粉灭火器也可以扑救可燃固体类物质的初起火灾。

（4）二氧化碳灭火器。这类灭火器中充装的灭火剂是加压液化的二氧化碳，主要适用扑救可燃液体类物质和带电设备的初起火灾，如图书、档案、精密仪器、电气设备等的火灾。

（5）7150 灭火器。这类灭火器内充装的灭火剂是 7150 灭火剂（即三甲氧基硼氧六环）。主要适用于扑救轻金属如镁、铝、镁铝合金、海绵状钛，以及锌等的初起火灾。

【知识学习】

发生火灾时，不论是火灾的哪个阶段，使用灭火器进行扑救时，首先要根据火灾发生的性质和火场存在的物质，正确选用灭火器材。

63. 建筑施工现场灭火器材的配备有哪些要求?

临时搭设的建筑物区域内应按规定配备消防器材。一般临时设施区，每 100 m^2 配备两只 10 L 灭火机；大型临时设施总面积超过 1 200 m^2 的，应备有专供消防用的太平桶、积水桶（池），黄沙池等器材设施。上述设施周围不得堆放物品。

临时木工间，油漆间，木、机具间等，每 25 m^2 应配置一只种类合适的灭火机；危险品仓库、变电室应配备足够数量、种类合适的灭火机。

【相关链接】

施工现场应配备足够的消防器材，指定专人维护、管理、定期更新，保证完整好用。

64. 如何选择使用灭火器？

（1）A类火灾指普通可燃物如木材、布、纸、橡胶及各种塑料燃烧而成的火灾。对A类火灾，一般可采取水冷却灭火，但对于忌水物质，如布、纸等应尽量减少水渍所造成的损失。对珍贵图书，档案资料应使用二氧化碳、干粉灭火器灭火。

（2）B类火灾指油脂及液体，如原油、汽油、煤油、酒精等燃烧引起的火灾。对B类火灾，应及时使用泡沫灭火剂进行扑救，还可使用干粉、二氧化碳灭火器。

（3）C类火灾是可燃气体如氢气、甲烷、乙炔燃烧引起的火灾。对C类火灾因气体燃烧速度快，极易造成爆炸，一旦发现可燃气着火，应立即关闭阀门，切断可燃气来源，同时使用干粉灭火剂将气体燃烧火焰扑灭。

（4）D类火灾是可燃金属如镁、铝、钛、锆、钠和钾等燃烧引起的火灾。对D类火灾，燃烧时温度很高，水及其他普通灭火剂在高温下会因发生分解而失去作用，应使用专用灭火剂。金属火灾灭火剂有两种类型：一是液体型灭火剂；二是粉末型灭火剂。例如用7150灭火剂扑救镁、铝、镁铝合金、海绵状钛等轻金属火灾，用原位膨胀石墨灭火剂扑救钠、钾等碱金属火灾。少量金属燃烧时可用干沙、干的食盐、石粉等扑救。

【想一想】

在自己的企业里，观察各个不同区域设置的灭火器材的类型，分析为什么配备这种灭火器材？

65. 干粉灭火器如何正确使用？

（1）储压式干粉灭火器。储压式干粉灭火器将干粉与动力（压缩）气体装于一体，其结构主要由筒体、筒盖、出粉管及喷射管组成。使用时，先使灭火器上下颠倒并摇晃几次，使内部干粉松动并与压缩气体充分混合。然后摆正灭火器，拔出手压柄和固定柄（提把）间的保险销，右手握住灭火器喷射管，左手用力压下并握紧两个手柄，使灭火器开启，待干粉射流喷出后，右手根据火灾情况，上下左右摆动，将干粉喷于火焰根部即可灭火。

（2）外储气瓶式干粉灭火器。该灭火器主要由二氧化碳钢瓶、筒身、出粉管及喷嘴组成。使用时用力向上提起储气钢瓶上部的开启提环，随后右手迅速握住喷管，左手提起灭火器，通过移动和喷管摆动，将干粉射流喷于火焰根部即可灭火。

（3）内储气瓶式干粉灭火器。这种干粉灭火器，与外储气瓶式相比，其压缩气体小钢瓶装在灭火器内。使用时，拔下保

险销，右手迅速握住喷管，左手将手压柄压下并提起灭火器，灭火器则会立即开启。待干粉射流喷出后，右手掌握喷管，将干粉射流对准火灾根部喷射即可灭火。

【相关链接】

使用干粉灭火器时，要注意由上风向向下风向喷射，以免风力影响灭火效果，造成灭火剂的浪费。使用时还要注意，开启操作时，不要距离燃烧物太远，并在喷射时要变换位置或摆动喷射管，从不同的角度对火灾进行扑救，以提高灭火效率。

66. 特殊建筑施工现场有哪些防火要求？

（1）高度 24 m 以上的高层建筑施工现场，应设置具有足够扬程的高压水泵或其他防火设备和设施，并根据施工现场的实际要求，增设临时消防水箱，保证有足够的消防水源。

（2）高层建筑施工楼面应配备专职防火监护人员，巡回检查各施工点的消防安全情况。进入内装饰阶段，要禁止吸烟或明确规定吸烟点。

（3）高层建筑和地下工程施工现场应备有通信报警装置，便于及时报告险情。

（4）严禁在屋顶熬沥青。

（5）古建筑和重要文物单位，应由主管部门、使用单位会同施工单位共同制定消防安全措施，报上级管理部门和当地公安消防部门批准后，方可开工。

【相关链接】

施工作业期间需搭设临时性建筑物，必须经施工企业技术负责人批准，施工结束应及时拆除。但不得在高压架空下面搭设临时性建筑物或堆放可燃物品。

67. 建筑施工现场动火区域如何划分？

（1）一级动火区域：禁火区域内；油罐、油箱、油槽车和储存过可燃气体、易燃液体的容器以及连接在一起的辅助设备；各种受压设备；危险性较大的登高焊割作业；比较密封的室内、容器内、地下室等场所；现场堆有大量可燃和易燃物质的场所。

（2）二级动火区域：在具有一定危险因素的非禁火区域进行临时焊割等用火作业；小型油箱等容器；登高焊割等用火作业。

（3）在非固定的、无明显危险因素的场所进行用火作业，均属三级动火作业。

【相关链接】

施工现场的动火作业，必须执行审批制度。

（1）一级动火作业由所在单位行政负责人填写动火申请表，编制安全技术措施方案，报公司保卫部门及消防部门审查批准后，方可动火。

（2）二级动火作业由所在工地、车间的负责人填写动火申请表，编制安全技术措施方案，报本单位主管部门审查批准后，方可动火。

（3）三级动火作业由所在班组填写动火申请表，经工地、车间负责人及主管人员审查批准后，方可动火。

古建筑和重要文物单位等场所动火作业，按一级动火手续上报审批。

施工常用机械设备安全使用

68. 混凝土搅拌机安全操作注意事项有哪些?

（1）作业前，应先启动搅拌机空载运转，确认搅拌筒或叶片旋转方向与筒体上箭头所示方向一致。对反转出料的搅拌机，应使搅拌筒正、反转运转数分钟，确认无冲击抖动现象和异常噪声。

（2）搅拌机启动后，应使搅拌筒达到正常转速后再进行上料，上料时应及时加水。每次加入的拌和料不得超过搅拌机的额定容量并应减少物料粘罐现象，加料的次序应为石子—水泥—沙子或沙子—水泥—石子。

（3）进料时，严禁将头或手伸入料斗与机架之间。运转中，严禁用手或工具伸入搅拌筒内扒料、出料。

（4）搅拌机作业中，当料斗升起时，严禁任何人在料斗下停留或通过；当需要在料斗下检修或清理料坑时，应将料斗提升后用铁链或插入插销锁住。

（5）作业后，应对搅拌机进行全面清理；当操作人员需进入筒内时，必须切断电源或卸下熔断器，锁好开关箱，挂上“禁止合闸”标牌，并应有专人在外监护。

【血的教训】

2006 年 5 月，厦门某建筑施工工地上发生了一起惨剧，一位工人在为混凝土搅拌的传送带中转处加黄油时，由于公司的安全防范措施不到位，致使另一工人误操作，通电传送，将正在加黄油的工人生生夹入了传送带中转处，人在轴承处整整被压了几个小时，当发现时已经死亡。

69. 砂浆搅拌机安全操作注意事项有哪些？

（1）应有牢靠的基础，移动式搅拌机应采用方木或撑架固定，并保持水平。

（2）作业前应检查并确认传动机构、工作装置、防护装置等牢固可靠，三角胶带松紧度适当，搅拌叶片和筒壁间隙在 3 ~ 5 mm，搅拌轴两端密封良好。

（3）运转中，严禁用手或木棒等伸进搅拌筒内，或在筒口清理灰浆。

（4）作业中，当发生故障不能继续搅拌时，应立即切断电源，将筒内灰浆倒出，排除故障后方可使用。

（5）固定式搅拌机的上料斗应能在轨道上移动。料斗提升时，严禁斗下有人。

（6）作业后，应清除机械内外砂浆和积料，用水清洗干净。

【血的教训】

2002 年 4 月 24 日，在中建某局总包、广东某建筑公司清包的动力中心及主厂房工程工地上，由于砂浆搅拌机出料供给

不上，身为抹灰工长的文某非常着急，到砂浆搅拌机边督促拌料。因文某本人安全意识不强，趁搅拌机操纵工备料而不在搅拌机旁的情况下，私自违章开启搅拌机，且在搅拌机运行过程中，将头伸进料口边查看搅拌机内的情况，被正在爬升的料斗夹到其头部后，人跌落在料斗下，料斗着落后又压在文某的胸部，造成头部大量出血，经抢救无效，于当日上午死亡。

70. 插入式振动器安全操作注意事项有哪些?

（1）插入式振动器的电动机电源上，应安装漏电保护装置，接地或接零应安全可靠。

（2）电缆线应满足操作所需的长度。电缆线上不得堆压物品或让车辆挤压，严禁用电缆线拖拉或吊挂振动器。

（3）振动器不得在初凝的混凝土、地板、脚手架和干硬的地面上进行试振。在检修或作业间断时，应断开电源。

（4）作业时，振动棒软管的弯曲半径不得小于500 mm，并不得多于两个弯。操作时应将振动棒垂直地沉入混凝土中，不得用力硬插、斜推或让钢筋夹住棒头，也不得全部插入混凝土中，插入深度不应超过棒长的3/4，不宜触及钢筋、芯管及预埋件。

（5）振动棒软管不得出现断裂，当软管使用过久使长度增长时，应及时修复或更换。

（6）作业完毕，应将电动机、软管、振动棒清理干净，并应按规定要求进行保养作业。振动器存放时，不得堆压软管，应平直放好，并应对电动机采取防潮措施。

【相关链接】

插入式振动器操作人员应经过用电教育，作业时应穿戴绝缘胶鞋和绝缘手套。

71. 挤压式灰浆泵安全操作注意事项有哪些?

(1)作业前,应先用水、再用白灰膏润滑输送管道后,方可加入灰浆,开始泵送。

(2)料斗加满灰浆后,应停止振动,待灰浆从料斗泵送完时,再加新灰浆振动筛料。

(3)泵送过程应注意观察压力表。当压力迅速上升,有堵管现象时,应反转泵送 2 ~ 3 转,使灰浆返回料斗,经搅拌后再泵送。当多次正反泵仍不能畅通时,应停机检查,排除堵塞。

(4)工作间歇时,应先停止送灰,后停止送气,并应防气嘴被灰堵塞。

(5)作业后,应将泵机和管路系统全部清洗干净。

【相关链接】

挤压式灰浆泵使用前,应先接好输送管道,往料斗加注清水,启动灰浆泵,当输送胶管出水时,应折起胶管,待升到额定压力时停泵,观察各部位应无渗漏现象。

72. 喷浆机安全操作注意事项有哪些?

(1)喷涂前,应对石灰浆采用 60 目筛网过滤两遍。

(2)喷嘴孔径宜为 2.0 ~ 2.8 mm;当孔径大于 2.8 mm 时,

应及时更换。

（3）泵体内不得无液体干转。在检查电动机旋转方向时，应先打开料桶开关，让石灰浆流入泵体内部后，再开动电动机带泵旋转。

（4）作业后，应往料斗注入清水，开泵清洗直到水清为止，再倒出泵内积水，清洗疏通喷头座及滤网，并将喷枪擦洗干净。

（5）长期存放前，应清除前、后轴承座内的石灰浆积料，堵塞进浆口，从出浆口注入机油约 50 ml，再堵塞出浆口，开机运转约 30 s，使泵体内润滑防锈。

【知识学习】

通常建筑施工用喷浆机石灰浆的密度应为 1.06 ~ 1.10 g/cm³。

73. 钢筋冷拉机安全操作注意事项有哪些?

（1）冷拉场地应在两端地锚外侧设置警戒区，并应安装防护栏及警告标志，无关人员不得在此停留。操作人员在作业时必须离开钢筋 2 m 以外。

（2）用配重控制的设备应与滑轮匹配，并应有指示起落的记号，没有指示记号时应有专人指挥。配重框提起时高度应限制在离地面 300 mm 以内，配重架四周应有栏杆及警告标志。

（3）卷扬机操作人员必须看到指挥人员发出的信号，并待所有人员离开危险区后方可作业。冷拉应缓慢、均匀，当有停车信号或见到有人进入危险区时，应立即停拉，并稍稍放松卷扬钢丝绳。

（4）用延伸率控制的装置，应装设明显的限位标志，并应有专人负责指挥。

（5）夜间作业的照明设施，应装设在张拉危险区外。当需要装设在场地上空时，其高度应超过 5 m。灯泡应加防护罩，导线严禁采用裸线。

（6）作业后，应放松卷扬钢丝绳，落下配重，切断电源，锁好开关箱。

【血的教训】

2006 年 3 月 19 日，由衢州建工集团有限公司承包的宁波京能泵业有限公司建筑工地钢筋拉直施工场地，发生一起一名操作工右手臂被钢筋冷拉卷扬机卷入，致其右手臂断裂和头部受挤压破裂而当场死亡的事故。死者赵某在钢筋冷拉调直过程中，违反有关管理要求，在一手拉卷扬机钢丝绳同时另一手进行按钮操作，按钮操作失误（“停止”“反转”与“正转”按钮按错），是造成此次事故的直接原因。

74. 钢筋切断机安全操作注意事项有哪些?

（1）机械未达到正常转速时，不得切料。切料时，应使用切刀的中、下部位，紧握钢筋对准刃口迅速投入，操作者应站在固定刀片一侧用力压住钢筋，应防止钢筋末端弹出伤人。严禁用两手分在刀片两边握住钢筋俯身送料。

（2）剪切直径及强度不得超过机械铭牌规定的钢筋和烧红的钢筋。一次切断多根钢筋时，其总截面面积应在规定范围内。

（3）切断短料时，手和切刀之间的距离应保持在 150 mm 以上，如手握端小于 400 mm 时，应采用套管或夹具将钢筋短头压住或夹牢。

（4）运转中，严禁用手直接清除切刀附近的断头和杂物。钢筋摆动周围和切刀周围，不得停留非操作人员。

（5）当发现机械运转不正常、有异常响声或切刀歪斜时，应立即停机检修。

（6）作业后，应切断电源，应及时清理钢屑，用钢刷清除切刀间的杂物，进行整机清洁润滑。

【相关链接】

手动液压式切断机使用前，应将放油阀按顺时针方向旋紧，切割完毕后，应立即按逆时针方向旋松。作业中，手应持稳切断机，并戴好绝缘手套。

75. 钢筋弯曲机安全操作注意事项有哪些？

（1）应检查并确认芯轴、挡铁轴、转盘等无裂纹和损伤，防护罩坚固可靠，空载运转正常后，方可作业。

（2）作业时，应将钢筋需弯一端插入在转盘固定销的间隙内，另一端紧靠机身固定销，并用手压紧；应检查机身固定销并

确认安放在能挡住钢筋的一侧，方可开动。

（3）在弯曲钢筋的作业半径内和机身不设固定销的一侧严禁站人。弯曲好的半成品，应堆放整齐，弯钩不得朝上。

（4）作业后，应及时清除转盘及插入座孔内的铁锈、杂物等。

【相关链接】

对超过机械铭牌规定直径的钢筋严禁进行弯曲。在弯曲未经冷拉或带有锈皮的钢筋时，应戴防护镜。

76. 钢筋冷镦机安全操作注意事项有哪些?

（1）应根据钢筋直径，配换相应夹具。

（2）应检查并确认模具、中心冲头无裂纹，并校正上下模具与中心冲头的同心度，紧固各部螺栓，做好安全防护。

（3）启动后应先空运转，调整上下模具紧度，对准冲头模进行镦头校对，确认正常后，方可作业。

（4）机械未达到正常转速时，不得镦头。当镦出的头大小不匀时，应及时调整冲头与夹具的间隙。冲头导向块应保持有足够的润滑。

【知识学习】

冷镦机是指在常温下镦粗预应力钢筋或钢丝端头的机具。常用的钢筋冷镦机的种类，按动力形式不同，分为手动、电动、液压3种。

77. 弯管机安全操作注意事项有哪些?

（1）作业场所应设置围栏。

（2）作业前，应先空载运转，确认正常后，再套模弯管。

（3）应按加工管径选用管模，并按顺序放好。

（4）不得在管子和管模之间加油。

（5）应夹紧机件，导板支撑机构应按弯管的方向及时进行换向。

（6）作业时，非操作和辅助人员不得在机械四周停留观看。

（7）作业后，应切断电源，锁好电闸箱，并做好日常保养工作。

【知识学习】

弯管机可以弯成各种各样的形状，可以弯成工字钢、槽钢、角铁、线材等，也可以制作轧盘管、“U”形管、半管、盘香管等，是建筑施工现场常用的机械之一。

目前常用的弯管机可分为数控弯管机、液压弯管机等类型。

78. 咬口机安全操作注意事项有哪些？

（1）应先空载运转，确认正常后，方可作业。

（2）工件长度、宽度不得超过机具允许范围。

（3）作业中，当有异物进入辊轮中时，应及时停机修理。

（4）严禁用手触摸转动中的辊轮。用手送料到末端时，手指必须离开工件。

（5）作业时，非操作和辅助人员不得在机械四周停留观看。

（6）作业后，应切断电源，锁好电闸箱，并做好日常保养工作。

【知识学习】

咬口机，又称辘骨机、咬缝机、咬边机、风管咬口机、风管辘骨机，是一种多功能的机种，主要用于板材连接和圆风管闭合连接的咬口加工。

咬口机分为多功能咬口机、联合角咬口机、插条咬口机、平口咬口机、弯头咬口机。

79. 混凝土切割机安全操作注意事项有哪些？

（1）使用前，应检查并确认电动机、电缆线均正常，保护接地良好，防护装置安全有效，锯片选用符合要求，安装正确。

（2）操作人员应双手按紧工件，均匀送料，在推进切割机时，不得用力过猛。操作时不得戴手套。

（3）切割厚度应按机械出厂铭牌规定进行，不得超厚切割。

（4）加工件送到与锯片相距 300 mm 处或切割小块料时，应使用专用工具送料，不得直接用手推料。

（5）严禁在运转中检查、维修各部件。锯台上和构件锯缝中的碎屑应采用专用工具及时清除，不得用手拣拾或抹拭。

（6）作业后，应清洗机身，擦干锯片，排放水箱余水，收

回电缆线，并存放在干燥、通风处。

【相关链接】

混凝土切割机启动后，应空载运转，检查并确认锯片运转方向正确，升降机构灵活，运转中无异常、异响，一切正常后，方可作业。

80. 手持电动工具安全操作注意事项有哪些？

（1）外壳、手柄应无裂缝、破损，保护接地（接零）连接正确、牢固可靠，电缆软线及插头等应完好无损。开关动作应正常，并注意开关的操作方法。电气保护装置良好、可靠，机械防护装置齐全、灵敏有效。

（2）手持砂轮机、角向磨光机，必须装防护罩。操作时，加力要平稳，不得用力过猛。

（3）严禁超载荷使用，随时注意声响、温升，发现异常应立即停机检查。作业时间过长，温度升高时应停机，待自然冷却后再行作业。

（4）作业中，不得用手触摸刃具、模具、砂轮，发现有磨钝、破损情况时应立即停机修整或更换后再行作业。

（5）机具运转时不得撒手。

【知识学习】

使用冲击电钻注意事项：

（1）钻头应顶在工件上再打钻，不得空打或顶死。

（2）钻孔时应避开混凝土中的钢筋。

（3）必须垂直地顶在工件上，不得在钻孔中晃动。

（4）使用直径在 25 mm 以上的冲击电钻时，作业场地周围应设护栏。在地面以上操作应有稳固的平台。

建筑施工主要作业人员安全生产职责

81. 木工主要安全生产职责有哪些？

（1）应经常检查木工间内备有的消防器材，严禁在工作场所吸烟和明火作业，不得存放易燃物品。

（2）工作场所的木料应分类堆放整齐，必须保持道路畅通。

（3）使用木工机械严格遵守机械操作规程。

（4）高空作业时材料堆放应稳妥可靠，使用工具随时装入袋内，严禁向地上抛掷工具或物件等。

（5）木料加工处的废料、木屑等应即时清理，做到“落手清”。

【相关链接】

使用木工机械，禁止戴手套，操作时必须集中思想，认真操作，千万不可麻痹大意。

82. 泥工主要安全生产职责有哪些?

（1）认真学习本工种的安全操作规程，提高安全意识，听从安全人员的指挥，做到不违章作业。

（2）正确使用劳动防护用品及安全设施，爱护安全标志，服从分配，坚守岗位。

（3）经常检查工作岗位环境及脚手架、脚手板、工具使用情况，做好文明施工“落手清”工作。

（4）发扬团结友爱精神，维护一切安全设施，不准擅自拆移安全防护设施。

（5）发生事故应向班组长报告，参加“四不放过”讨论，积极提出改进意见，预防事故发生，改善安全防护条件。

【相关链接】

泥工在工作中要注意砌筑和粉刷施工时使用的脚手架的安全，下雪天要清除余雪，雨天不准在无防滑措施的条件下进行作业。脚手架所有系拉铁丝不得任意剪除，防止脚手架倒塌。

83. 钢筋工主要安全生产职责有哪些?

（1）进入施工现场，必须戴好安全帽，扣好帽带，并正确使用个人劳动防护用品。

（2）操作人员必须经过专业培训，学徒必须由师傅带领。

（3）熟悉图纸和施工安全技术规范，每周接受安全周讲评。

（4）发现作业场所有不安全因素，应停止作业，并向有关责任人汇报，排除隐患后方可施工。

（5）禁止和拒绝违障作业。

（6）高处作业不得乱抛物件。

（7）钢筋搬运、加工、绑扎过程中，发生钢筋脆断和其他异常情况时，应立刻停止作业向有关部门汇报。

（8）按设计图纸及现行施工规范加工、绑扎钢筋，不得偷工减料，不得弄虚作假。

【知识学习】

钢筋工是指使用工具及机械，对钢筋进行除锈、调直、连接、切断、成型、安装钢筋骨架的人员。该职业共设4个等级，分别为：初级（国家职业资格五级）、中级（国家职业资格四级）、高级（国家职业资格三级）、技师（国家职业资格二级）。

84. 架子工主要安全生产职责有哪些?

（1）架子工必须熟悉脚手架安全操作规程，严格按规程的要求搭设，在搭设中要正确佩戴和使用劳动防护用品。

（2）作业人员必须持证上岗,并自觉遵守现场安全生产纪律。

（3）认真选材，严格按脚手架安全技术规程要求搭设。

（4）脚手架的维修保养每3个月进行1次，遇大风大雨应事先认真检查，必要时采取加固措施。

（5）脚手架搭设完毕，架子工应通知安全部门会同有关人员共同验收，合格挂牌后方可使用。

（6）工程完工拆除脚手架前，应先检查，如遇薄弱环节，应先加固后拆除。

（7）拆除架子必须设置警戒范围，输送地面的杆件应及时分类堆放整齐。

【知识学习】

建筑施工现场安全生产“六大纪律”：进入现场必须戴好安全帽，扣好帽带，并正确使用个人劳动防护用品；2 m 以上的高处、悬空作业，无安全设施的，必须系好安全带、扣好保险钩；高处作业时，不准往下或向上乱抛材料和工具等物件；各种电动机械设备必须有可靠、有效的安全接地和防雷装置，方能开动使用；不懂电气和机械的人员，严禁使用和玩弄机电设备；吊装区域非操作人员严禁入内，吊装机械必须完好，把杆垂直下方不准站人。

85. 油库值班人员主要安全生产职责有哪些？

（1）油类是易燃易爆物品，仓库管理员应做到挂牌归类堆放，严禁混杂，随时做好专门保管上锁。

（2）仓库人员进入油库加油时严禁吸烟。

（3）油类仓库禁止放置危险物品。

（4）仓库人员应保持库内清洁，做好

“三防”工作。

（5）切实加强防火工作责任心，经常检查油库周围放置的黄沙桶及灭火器的有效状况。

（6）严格执行现场禁火区域内的动火审批手续。

【知识学习】

可燃性液体不管是否着火，如果发生泄漏或溢出，都将顺着地面（或水面）漂散流淌，而且易燃液体还有密度和水溶性等涉及能否用水和普通泡沫扑救的问题，以及危险性很大的沸溢和喷溅问题，所以应及时采取相应措施。

86. 仓库管理人员主要安全生产职责有哪些？

（1）凡进库货物须进行验收，核实后做好造册登记。

（2）认真负责搞好仓库内部材料、设备及小工具的发放工作，并应做好登记、签字手续。

（3）工程需要的材料，在遇到库存不足时，应提早申领，以免不影响正常施工。

（4）仓库内应保持整洁，货物堆放整齐，货架上面堆放的物品应履行挂牌手续，以便迅速无误地发放。

（5）非仓库管理人员不得入内，严禁烟火。

（6）不得私自离岗。有事外出，应委托他人临时看守。

（7）做好外场沙石料的收、管工作，签好每一张单据，严格把好沙石料的计量及质量关。

（8）库内及场所必须做好清洁工作。

（9）负责做好检查仓库配备的消防器材完好情况。

【相关链接】

在规定的禁火区域内严格执行动火审批手续。

87. 起重机司机主要安全生产职责有哪些?

（1）起重机司机应经过一定时间的训练，了解所操作的起重机的结构、性能，经“应知应会”考试取证后，才能上岗操作。

（2）必须严格执行操作规程和各项规章制度。

（3）严守工作岗位，不无故擅自离开起重机。

（4）密切注意起重机的运行情况，如发现设备、机件有异常现象或故障，应设法及时排除后继续使用，严禁带病运行。

（5）起重机进行机修或大修时，驾驶员除了完成本职工作外，还应配合修理工一起工作，并参加验收工作。

（6）做好起重机清洁保养工作。

【相关链接】

建筑施工起重吊装“十不吊”：

（1）起重臂和吊起的重物下面有人停留或行走不准吊。

（2）起重指挥应由技术培训合格的专职人员担任，无指挥或信号不清不准吊。

（3）钢筋、型钢、管材等细长和多根的物件必须捆扎牢靠，多点起吊。单头“千斤”或捆扎不牢靠不准吊。

（4）多孔板、积灰斗、手推翻斗车不用四点吊或大模板外挂板不用卸甲不准吊。预制钢筋混凝土楼板不准双拼吊。

（5）吊砌块必须使用安全可靠的砌块夹具，吊砖必须使用砖笼，并堆放整齐。木砖、预埋件等零星物件要用盛器堆放稳妥，叠放不齐不准吊。

（6）楼板、大梁等吊物上站人不准吊。

（7）埋入地面的板桩、井点管等以及粘连、附着的物件不准吊。

（8）多机作业，应保证所吊重物距离不小于3 m，在同一轨道上多机作业，无安全措施不准吊。

（9）6级以上强风区不准吊。

（10）斜拉重物或超过机械允许荷载不准吊。

88. 焊工主要安全生产职责有哪些？

（1）积极参加各种安全生产活动，接受各种安全教育，持证上岗，遵章守纪，不违反劳动纪律，坚守工作岗位，不串岗、不脱岗，不酒后作业，集中精力工作。

（2）认真学习电气焊安全技术操作规程，熟知安全知识，按章操作，不违章作业，不冒险蛮干，有权拒绝违章指挥。

（3）坚持上班自检制度。对所用的电气焊机、线路及施工环境进行全面检查，排除不安全因素，不符合安全生产条件不得作业，加强自我保护。

（4）严格执行安全技术方案和安全技术交底，不得任意变更、拆除安全防护设施，并不得擅自动用电气和其他工种的设备和工具。

（5）正确使用防护用品。上岗前要正确佩戴好防护用品和用具，做到安全作业。

（6）对各级提出的隐患要及时整改。

【相关链接】

电焊机使用时，必须按规定装配指定漏电保护器。电焊机应有专用接线开关，不得直接接电源线上或一个开关上接两台焊机；开关装在避水、避火的控制箱内，箱体要防雨遮蔽，开关的熔丝容量应为该机的 1.5 倍。严禁以其他金属代替熔丝，机边不得摆放物品。电焊机装接和检修应由电工进行，且必须在切断电源后进行。久未使用的电焊机要作检查，主要是检查电压是否合乎规定和有无障碍失灵之处。

89. 工地安全员主要安全生产职责有哪些？

（1）积极带头遵守上级部门下达的各项安全规则和制度，并能主动协助项目负责人管好本工地安全工作。

（2）现场配电箱、动力电线等各类传动机具防护罩壳、钢丝绳、各种压力仪表，要经常检查是否有缺损、失效现象。

（3）经常观察脚手架、井架、塔架稳固及现场“四口”“五临边”防护有效情况，发现不安全状态应立即提出，并协助做好加固工作，消除隐患。

（4）对施工现场要经常巡回检查，发现违章作业现象时，督促其立即纠正，并有权给予扣罚。

（5）发现任何人员有不戴安全帽、穿拖鞋、赤膊、酒后上岗等违章行为，安全员有权责令其离开作业区域，并及时向负责人汇报。

（6）负责对现场各种宣传标牌、消防器材整理、保管工作，发现残缺，立即补正。

（7）认真做好各种安全检查、会议、活动记录，配合公司安全部门工作，督促各班组的“三上岗”活动正常进行。

【知识学习】

班组的“三上岗”活动即上岗交底、上岗检查、上岗记录。

90. 班组长主要安全生产职责有哪些?

（1）服从施工队长正确领导，遵守有关安全生产制度，根据本组人员技术情况合理安排工作，做好上岗安全交底，对本组人员在生产中的安全负责。

（2）搞好文明施工，做到“生产再忙，安全不忘”，支持安全部门工作；对新工

人进行现场安全教育，认真执行“三上岗”制度，指定专人管好新工人的人身安全。

（3）组织本组人员学习安全规程和制度，检查安全措施执行情况，在任何情况下都不准违章、蛮干。

（4）听从专职安全员的指导，接受改进意见，教育全组人员严格遵守安全规程和制度。

（5）发动全组人员，为促进安全生产和改善劳动条件提出合理化建议，并向队长汇报。

（6）发生事故及时上报，组织全组人员认真分析，吸取教训，负责现场保护工作。

（7）支持本组安全员工作，及时采纳他的正确意见，发动全组共同搞好安全生产。

【知识学习】

“三违”是指“违章指挥，违章操作，违反劳动纪律”的简称。班组长应该带头反“三违”。

安全生产事故急救

91. 发生高处坠落怎样急救?

（1）去除伤员身上的用具和口袋中的硬物。

（2）在搬运和转送过程中，颈部和躯干不能前屈或扭转，而应使脊柱伸直。绝对禁止一个抬肩一个抬腿的搬法，以免加重伤情或造成截瘫。

（3）创伤局部妥善包扎，但对有颅底骨折和脑脊液漏患者切忌作填塞，以免导致颅内感染。

（4）颌面部伤员首先应保持呼吸道畅通，撤除假牙，清除移位的组织碎片、血凝块、口腔分泌物等，同时松解伤员的颈、胸部纽扣。若舌已后坠或口腔内异物无法清除时，可用 12 号粗针穿刺环甲膜，维持呼吸，尽可能早作气管切开。

（5）复合伤要求平仰卧位，保持呼吸道畅通，解开衣领扣。

（6）周围血管伤，压迫伤部以上动脉干至骨骼。直接在伤口上放置厚敷料，绷带加压包扎以不出血和不影响肢体血循环为宜。当上述方法无效时可慎用止血带，原则上尽量缩短止血带使用时间，一般以不超过1 h为宜，做好标记，注明上止血带的时间。

（7）有条件时迅速给予静脉补液，补充血容量。快速平稳地送医院救治。

【相关链接】

建筑施工常发生高处坠落事故，其伤害属于高速高能量损伤，多复杂严重，以开放伤、内脏器官损伤的多发伤为其特点。发生骨折的患者也常是多发骨折和多处骨折。这时对患者不正确的救治往往会加重损伤，引发严重而不可挽回的后果。

92. 发生触电如何急救？

（1）脱离电源。发现有人触电后，应立即、切断电源。同时，用木棒、皮带、橡胶制品等绝缘物品挑开触电者身上的带电物体。立即拨打报警求助电话。需防止触电者脱离电源后可能的摔伤，特别是当触电者在高处的情况下，应考虑采取防摔措施。

（2）解开妨碍触电者呼吸的紧身衣服，检查触电者的口腔，清理口腔黏液，如有假牙，则应取下。

（3）立即就地抢救。当触电者脱离电源后，应根据触电者的具体情况，迅速对症救护。现场应用的主要救护方法是人工呼吸法和胸外心脏按压法。应当注意，急救要尽快进行，不能等候医生的到来，在送往医院的途中也不能中止急救。

（4）如有电烧伤的伤口，应包扎后到医院就诊。

【相关链接】

触电急救的基本原则是动作迅速、方法正确。有资料指出，从触电后 1 min 开始救治者，90% 有良好效果；从触电后 6 min 开始救治者，10% 有良好效果；而从触电后 12 min 开始救治者，救活的可能性很小。

93. 发生烧伤如何急救?

（1）立即用自来水冲洗或浸泡烧伤部位 10 ~ 20 min，也可使用冷敷方法。冲洗或浸泡后尽快脱去或剪去着火的衣服或被热液浸渍的衣服。

（2）轻度烧伤，用清水冲洗后搌干，局部涂烫伤膏，不需包扎。面积较大的烧伤创面可用干净的纱布、被单、衣服覆盖。

（3）发生窒息，应尽快解救，如果呼吸停止，立即进行心肺复苏。

（4）密切观察伤员有无进展性呼吸困难，并及时护送到医院进一步诊断治疗。

【知识学习】

（1）尽量不挑破水疱。较大的水疱可用缝衣针经火烧烤几秒钟或用 75% 酒精消毒后刺破水疱，放出疱液，但切忌剪除表皮。寒冷季节注意保暖。

（2）烧伤创面上切不可使用药水或药膏等涂抹，以免掩盖烧伤程度。

（3）千万不要给口渴伤员喝白开水。

94. 怎样做口对口人工呼吸？

（1）将患者置于仰卧位，施救者站在患者右侧，将患者颈部伸直，右手向上托患者的下颌，使患者的头部后仰。这样，患者的气管能充分伸直，有利于人工呼吸。

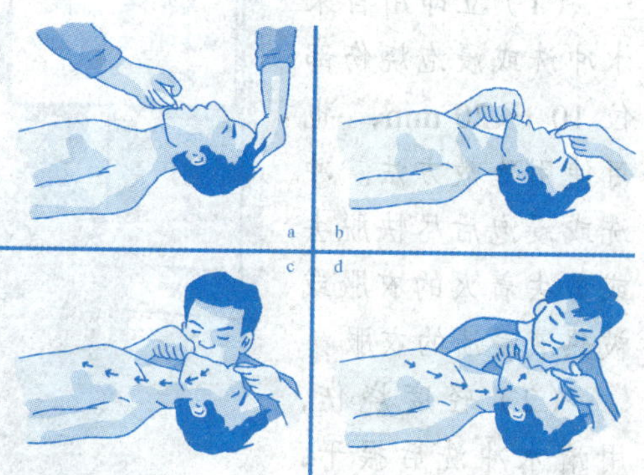

（2）清理患者口腔，包括痰液、呕吐物及异物等。

（3）用身边现有的清洁布质材料，如手绢、小毛巾等盖在患者嘴上，防止传染病。

（4）左手捏住患者鼻孔（防止漏气），右手轻压患者下颌，把口腔打开。

（5）施救者自己先深吸一口气，用自己的口唇把患者的口唇包住，向患者嘴里吹气。吹气要均匀，要长一点儿（像平时长出一口气一样)，但不要用力过猛。吹气的同时用眼角观察患者的胸部，如看到患者的胸部膨起，表明气体吹进了患者的肺脏，吹气的力度合适。如果看不到患者胸部膨起，说明吹气力度不够，应适当加强。吹气后待患者膨起的胸部自然回落后，再深吸一口气重复吹气，反复进行。

(6) 对一岁以下婴儿进行抢救时，施救者要用自己的嘴把孩子的嘴和鼻子全部都包住进行人工呼吸。对婴幼儿和儿童施救时，吹气力度要减小。

(7) 每分钟吹气 10 ~ 12 次。

【知识学习】

只要患者未恢复呼吸，就要持续进行人工呼吸，不要中断，直到救护车到达，交给专业救护人员继续抢救。

如果身边有面罩和呼吸气囊，可用面罩和呼吸气囊进行人工呼吸。

95. 胸外心脏按压法的基本要领是什么?

(1) 使伤员仰卧在比较坚实的地面或地板上，解开衣服，清除口内异物，然后进行急救。

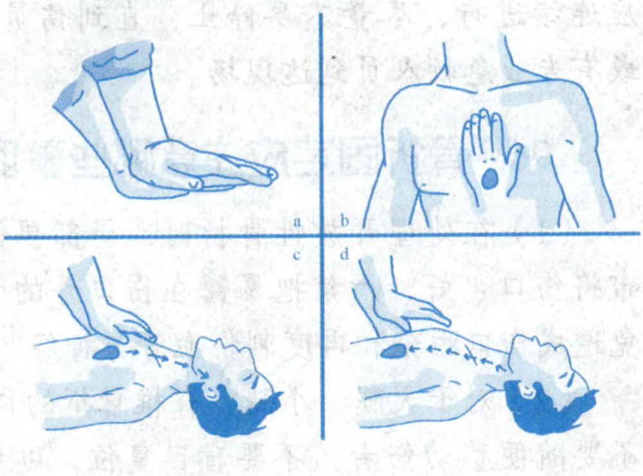

(2) 救护人员蹲跪在伤员腰部一侧，或跨腰跪在其腰部，两手相叠，如图 a 所示。将掌根部放在被救护者胸骨下 1/3 的部位，即把中指尖放

在其颈部凹陷的下边缘，手掌的根部就是正确的压点，如图b所示。

（3）救护人员两臂肘部伸直，掌根略带冲击地用力垂直下压，压陷深度为3～5 cm，如图c所示。成人每秒钟按压一次，太快和太慢效果都不好。

（4）按压后，掌根迅速全部放松，让伤员胸部自动复原。放松时掌根不必完全离开胸部，如图d所示。按以上步骤连续不断地进行操作，每秒钟一次。按压时定位必须准确，压力要适当，不可用力过大过猛，以免挤压出胃中的食物，堵塞气管，影响呼吸，或造成肋骨折断、气血胸和内脏损伤等。也不能用力过小，而起不到按压的作用。

【知识学习】

伤员一旦呼吸和心跳均已停止，应同时进行口对口（鼻）人工呼吸和胸外心脏按压。如果现场仅有1人救护，两种方法应交替进行，每次吹气2～3次，再按压10～15次。进行人工呼吸和胸外心脏按压急救，在救护人员体力允许的情况下，应连续进行，尽量不要停止，直到伤员恢复呼吸与脉搏跳动，或有专业急救人员到达现场。

96. 骨折固定应注意哪些事项？

（1）在处理开放性骨折时，局部要做清洁消毒处理，用纱布将伤口包好，严禁把暴露在伤口外的骨折端送回伤口内，以免造成伤口污染和再度刺伤血管与神经。

（2）对于大腿、小腿、脊椎骨折的伤者，一般应就地固定，不要随便移动伤者，不要盲目复位，以免加重损伤程度。如上肢受伤，可将伤肢固定于躯干；如下肢受伤，可将伤肢固定于另一健肢。

（3）骨折固定所用的夹板长度与宽度要与骨折肢体相称，其长度一般以超过骨折上下两个关节为宜。

（4）固定用的夹板不应直接接触皮肤。在固定时可将纱布、三角巾、毛巾、衣物等软材料垫在夹板和肢体之间，特别是夹板两端、关节骨头凸起部位和间隙部位，可适当加厚垫，以免引起皮肤磨损或局部组织压迫坏死。

（5）固定、捆绑的松紧度要适宜，过松达不到固定的目的，过紧影响血液循环，导致肢体坏死。固定四肢时，要将指（趾）端露出，以便随时观察肢体血液循环情况。如出现指（趾）苍白、发冷、麻木、疼痛、肿胀、甲床青紫等症状时，说明固定、捆绑过紧，血液循环不畅，应立即松开，重新包扎固定。

（6）对四肢骨折固定时，应先捆绑骨折端处的上端，后捆绑骨折端处的下端。如捆绑次序颠倒，则会导致再度错位。上肢固定时，肢体要屈着绑（屈肘状）；下肢固定时，肢体要伸直绑。

【知识学习】

要注意伤口和全身状况。如伤口出血，应先止血，包扎固定；如出现休克或呼吸、心跳骤停时，应立即进行抢救。

97. 如何正确搬运伤员?

针对不同伤情，应采用不同的搬运法。

（1）脊柱骨折伤员的搬运：对于脊柱骨折的伤员，一定要用木板做的硬担架抬运。应由2～4人搬运，使伤员成一线起落，步调一致。切忌一人抬胸，一人抬腿。将伤员放到担架上以后，要让他平卧，腰部垫一个靠垫，然后用3～4根皮带把伤员固定在木板上，以免在搬运中滚动或跌落，造成脊柱移位或扭转，刺激血管和神经，使下肢瘫痪。无担架、木板，需众人用手搬运时，抢救者必须有一人双手托住伤者腰部，切不可单独一人用拉、拽的方法抢救伤者，否则易把伤者的脊柱神经拉断，造成下肢永久性瘫痪的严重后果。

（2）颅脑伤昏迷者的搬运：搬运时要两人以上，重点保护头部。将伤员放到担架上，采取半卧位，头部侧向一边，以免呕吐物阻塞气道而窒息。如有暴露的脑组织，应加以保护。抬运前，头部给以软枕，膝部、肘部应用衣物垫好，头颈部两侧垫衣物以使颈部固定，防止来回摆动。

（3）颈椎骨折伤员的搬运：搬运时，应由一人稳定头部，其他人以协调力量将其平直抬到担架上，头部左右两侧用衣物、软枕加以固定，防止左右摆动。

（4）腹部损伤者的搬运：严重腹部损伤者，多有腹腔脏器从伤口脱出，可采用布带、绷带做一个略大的环圈盖住加以保护，然后固定。搬运时采取仰卧位，并使下肢屈曲，防止腹压增加而使肠管继续脱出。

【相关链接】

如果伤员伤势不重，可采用扶、掮、背、抱的方法将伤员运走：

（1）单人扶着行走。左手拉着伤员的手，右手扶住伤员的腰部，慢慢行走。此法适用于伤势不重、神志清醒的伤员。

（2）肩膝手抱法。伤员不能行走，但上肢还有力量，可让伤员钩在搬运者颈上。此法禁用于脊柱骨折的伤员。

（3）背驮法。先将伤员支起，然后背着走。

（4）双人平抱着走。两个搬运者站在同侧，抱起伤员走。

98. 如何救助中暑人员?

在既有高温，同时还伴有空气湿度大或者热辐射强而风速又小的环境中作业，再加上劳动强度过大、作业时间过长，此时作业人员极容易发生中暑。轻度中暑的初期症状为头晕、眼花、耳鸣、恶心、心慌、乏力。重度中暑患者会有体温急速升高，出现突然晕倒或痉挛等现象。

对中暑患者的现场急救原则是：对于轻度中暑患者，应立即将其移至阴凉通风处休息，擦去汗液，给予适量的清凉含盐饮料，并可选服人丹、十滴水、避瘟丹等药物，一般患者可逐

渐恢复。对于重度中暑患者，必须立即送往医院。

【相关链接】

夏季天气炎热，而建筑施工工地操作人员大部分为室外作业，中暑成为建筑施工又一大安全隐患。据统计，我国每年都有很多夏季因中暑而死亡的案例，其中的大部分，都是各类建筑工地的工人。

99. 常用的绷带包扎法有哪些?

（1）环形法。将绷带作环形重叠缠绕。第一圈环绕稍作斜状，第二、第三圈作环形，并将第一圈之斜出一角压于环形圈内，最后用橡皮膏将带尾固定，也可将带尾剪开两头打结。此法是各种绷带包扎中最基本的方法，多用于手腕、肢体等部位。

（2）蛇形法。先将绷带按环形法缠绕数圈。按绷带之宽度作间隔斜形上缠或下缠。

（3）螺旋形法。先按环形法缠绕数圈。上缠每圈盖住前圈之 1/3 或 2/3 呈螺旋形。

（4）螺旋反折法。先按环形法缠绕数圈。作螺旋形法之缠绕，等缠到渐粗处，将每圈绷带反折，盖住前圈的1/3或2/3，依次由上而下地缠绕。

（5）8字形法。在关节弯曲的上方、下方，先将绷带由下而上缠绕；再由上而下成8字形的来回缠绕。

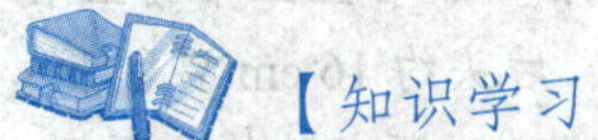

【知识学习】

对较大创面、固定夹板、手臂悬吊等，需应用三角巾包扎法。

100. 常用的止血法有哪几种?

（1）一般止血法。针对小的创口出血。需用生理盐水冲洗消毒患部，然后覆盖多层消毒纱布用绷带扎紧包扎。

（2）填塞止血法。将消毒的纱布、棉垫、急救包填塞、压迫在创口内，外用绷带、三角巾包扎，松紧度以达到止血为宜。

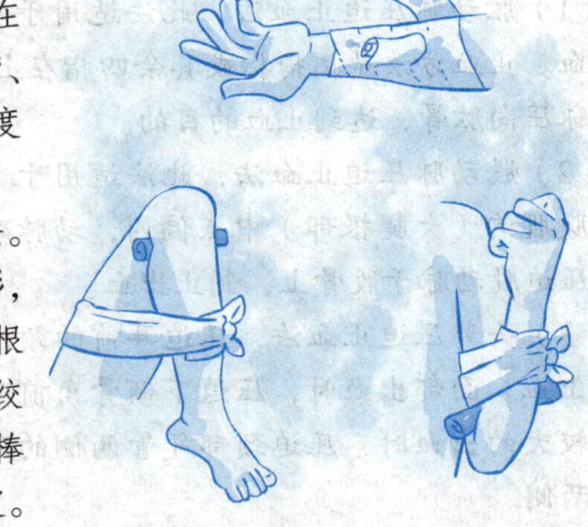

（3）绞紧止血法。把三角巾折成带形，打一个活结，取一根小棒穿在带子外侧绞紧，将绞紧后的小棒插在活结小圈内固定。

（4）加垫屈肢止血法。是适用于四肢非骨折性创伤的动脉出血的临时止血措施。当前臂或小腿出血时，可于肘窝或腘窝内放纱布、棉花、毛巾作垫，屈曲关节，用绷带将肢体紧紧地缚于屈曲的位置。

（5）指压止血法。是动脉出血最迅速的一种临时止血法，用手指或手掌在伤部上端用力将动脉压瘪于骨骼上，阻断血液通过，以便立即止住出血，但仅限于身体较表浅的部位、易于压迫的动脉。

（6）止血带止血法。主要是用橡皮管或胶管止血带将血管压瘪而达到止血的目的。左手拿橡皮带、后头约 16 cm 要留下；右手拉紧环体扎，前头交左手，中食两指挟住，顺着肢体往下拉，前头环中插，保证不松垮。如遇到四肢大出血，需要止血带止血，而现场又无橡胶止血带时，可在现场就地取材，如布止血带、线绳或麻绳等。

【相关链接】

指压止血法的具体方法是：

（1）肱动脉压迫止血法，此法适用于手、前臂和上臂下部的出血。止血方法是用拇指或其余四指在上臂内侧动脉搏动处，将动脉压向肱骨，达到止血的目的。

（2）股动脉压迫止血法，此法适用于下肢出血。止血方法是在腹股沟（大腿根部）中点偏内，动脉跳动处，用两手拇指重叠压迫股动脉于股骨上，制止出血。

（3）头部压迫止血法，压迫耳前的颈浅动脉，适用于头顶前部出血。面部出血时，压迫下颌骨角前下凹内的颌动脉。头面部较大的出血时，压迫颈部气管两侧的颈动脉，但不能同时压迫两侧。

（4）手部压迫止血法，如手掌出血时，压迫桡动脉和尺动脉。手指出血时，压迫出血手指的两侧指动脉。

（5）足部压迫止血法，足部出血时，压迫胫前动脉和胫后动脉。